JRはなぜ変われたか

JR東日本顧問
山之内秀一郎

毎日新聞社

1987年４月１日午前零時、汐留貨物駅の構内で、Ｃ56が新生ＪＲ「出発進行」の汽笛を鳴らした

1987年3月31日現在

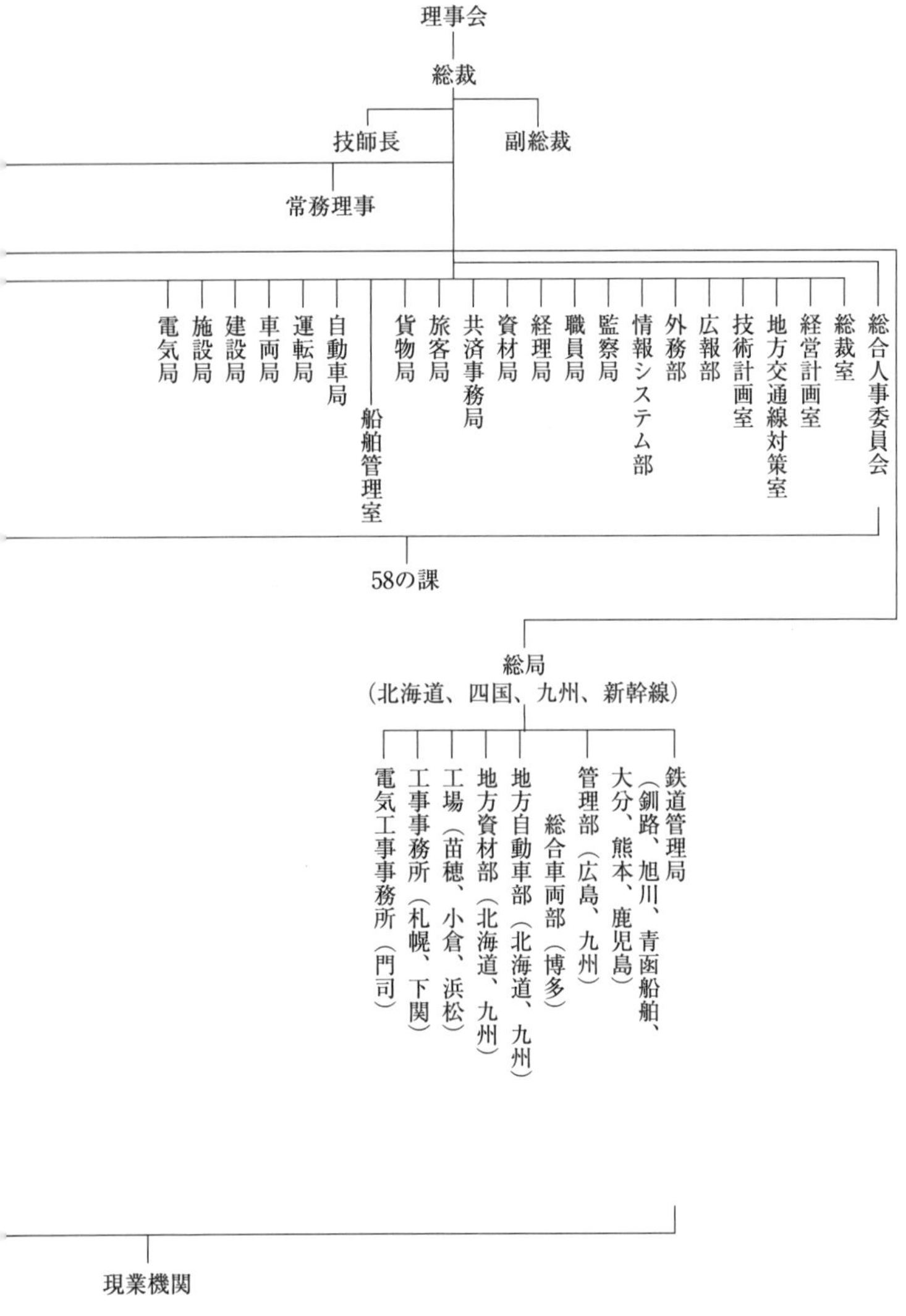

日本国有鉄道組織図

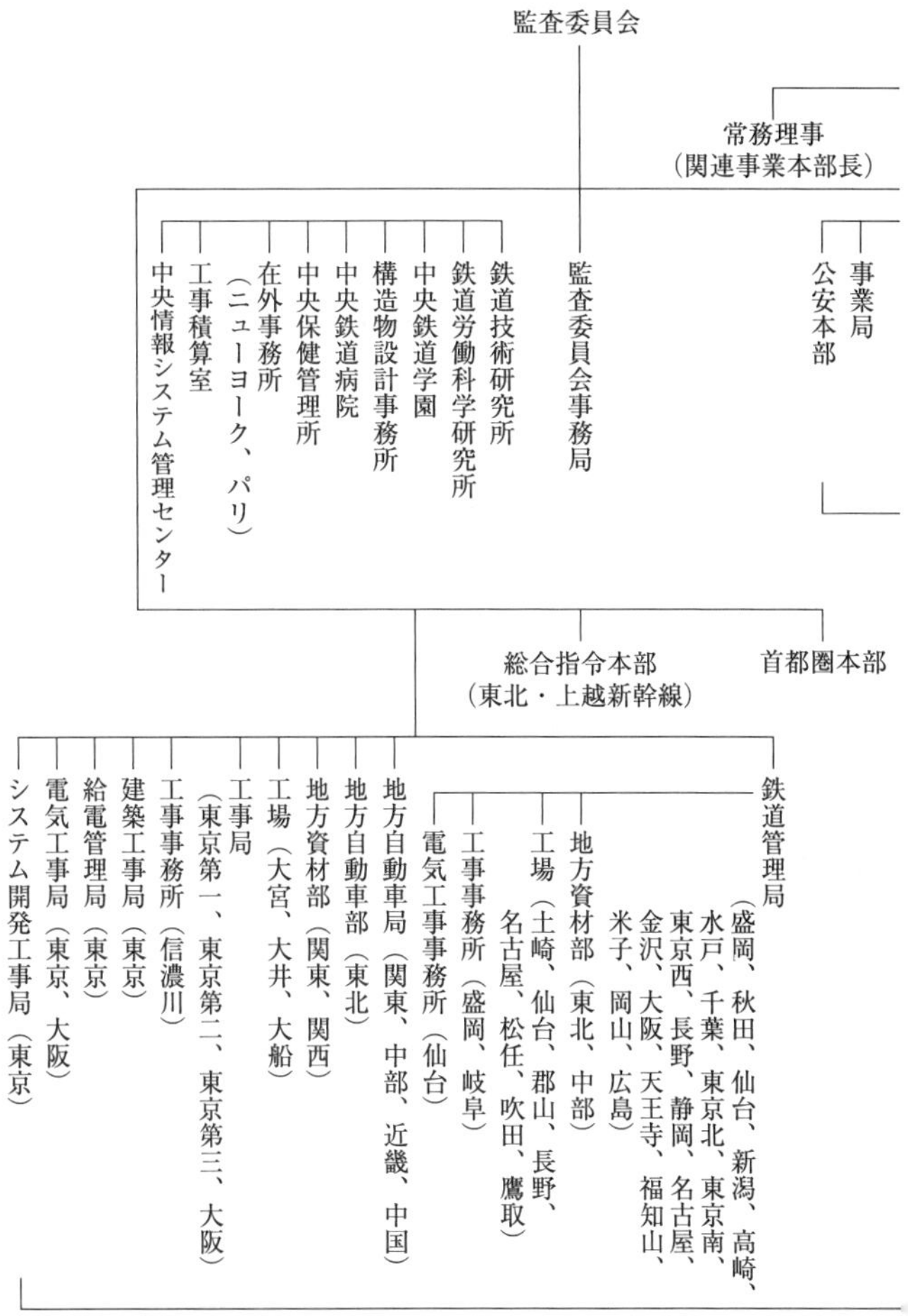
監査委員会
常務理事（関連事業本部長）
事業局
公安本部
監査委員会事務局
鉄道技術研究所
鉄道労働科学研究所
中央鉄道学園
構造物設計事務所
中央鉄道病院
中央保健管理所
在外事務所（ニューヨーク、パリ）
工事積算室
中央情報システム管理センター
首都圏本部
総合指令本部（東北・上越新幹線）
鉄道管理局（盛岡、秋田、仙台、新潟、高崎、水戸、千葉、東京北、東京南、東京西、長野、静岡、名古屋、金沢、大阪、天王寺、福知山、米子、岡山、広島）
地方資材部（東北、中部）
工場（土崎、仙台、郡山、長野、名古屋、松任、吹田、鷹取）
工事事務所（盛岡、岐阜）
電気工事事務所（仙台）
地方自動車局（関東、中部、近畿、中国）
地方自動車部（東北）
地方資材部（関東、関西）
工場（大宮、大井、大船）
工事局（東京第一、東京第二、東京第三、大阪）
工事事務所（信濃川）
建築工事局（東京）
給電管理局（東京）
電気工事局（東京、大阪）
システム開発工事局（東京）

1987年4月1日当時

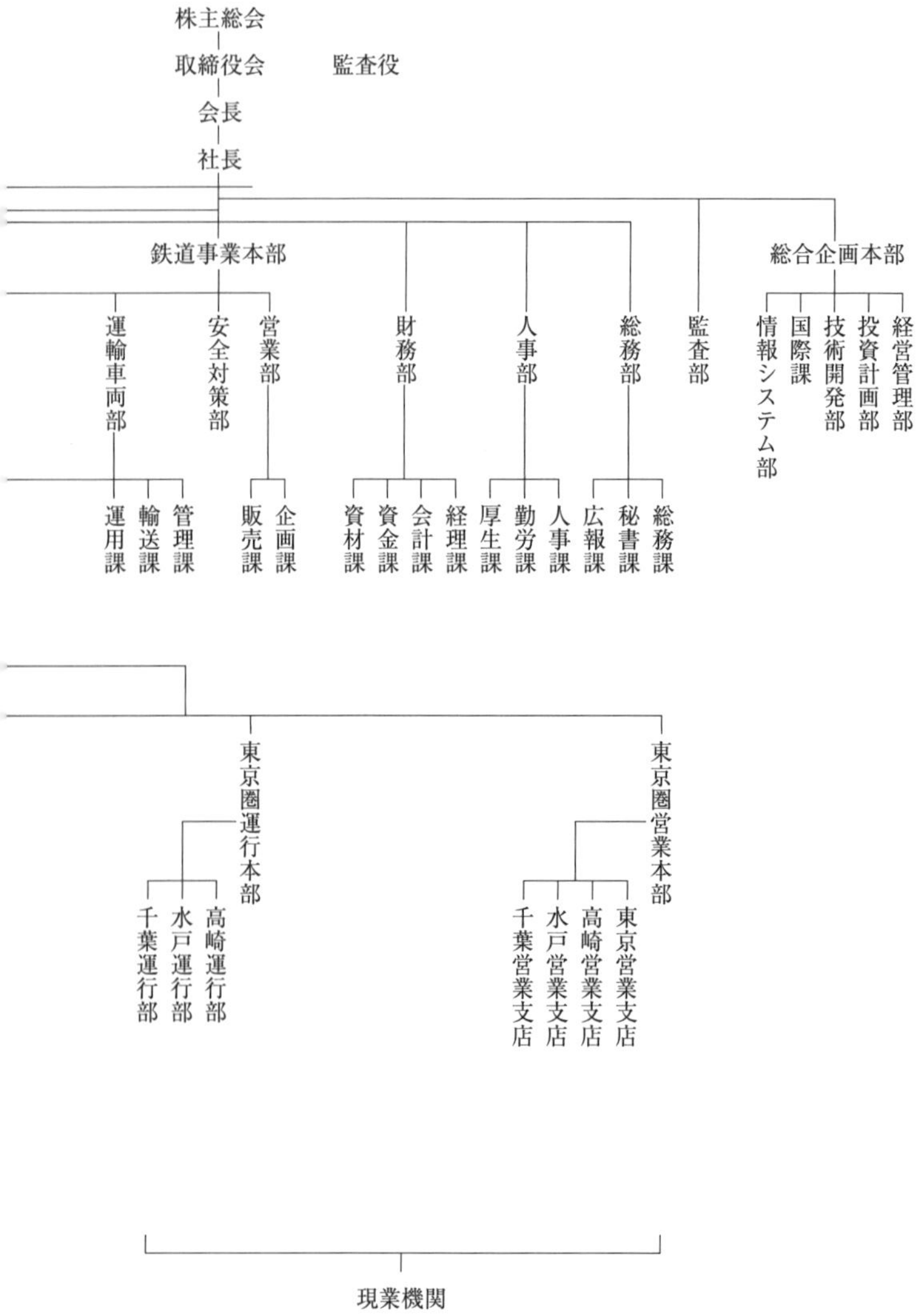

ＪＲ東日本組織図

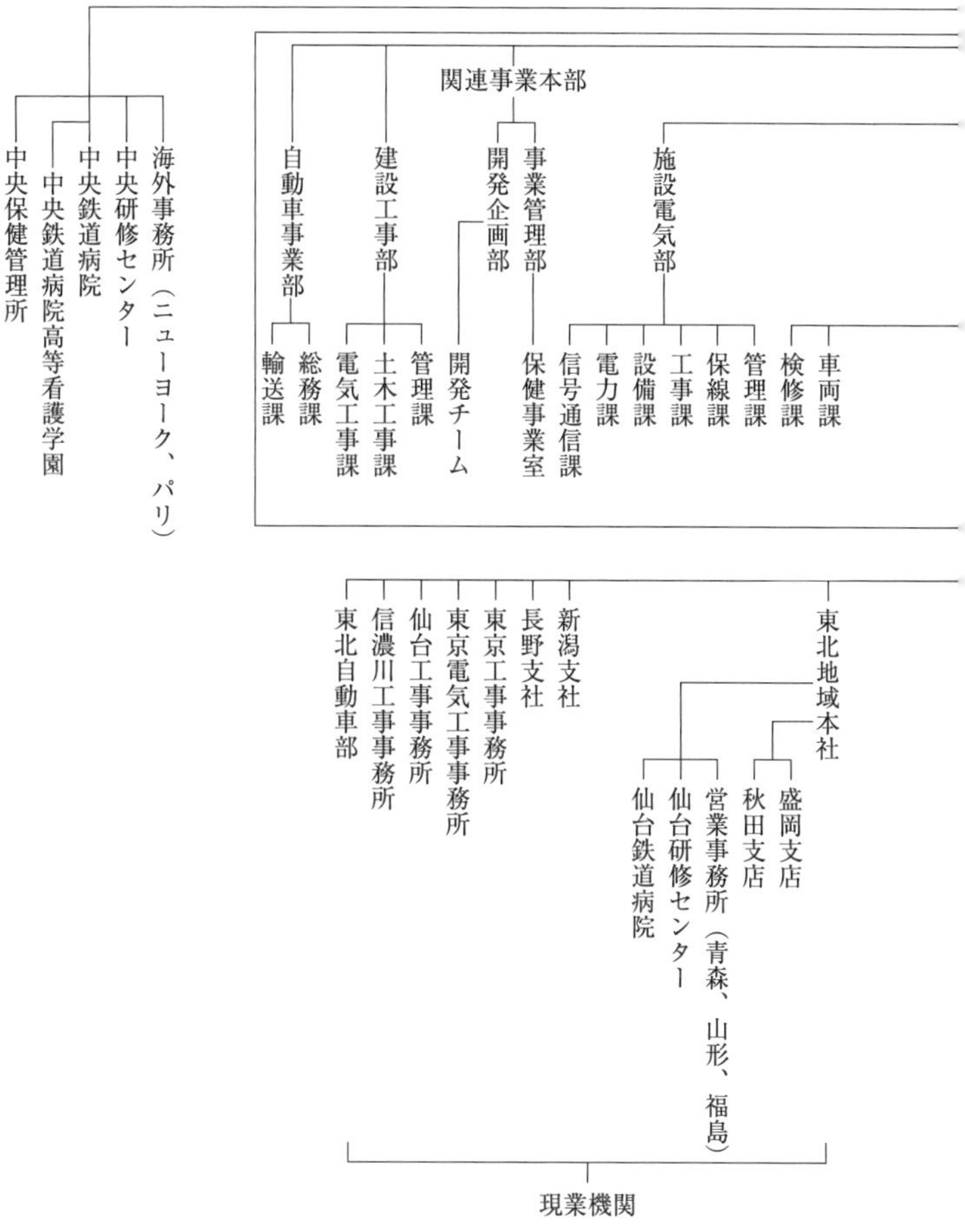
関連事業本部
施設電気部
事業管理部
開発企画部
建設工事部
自動車事業部
海外事務所（ニューヨーク、パリ）
中央研修センター
中央鉄道病院
中央鉄道病院高等看護学園
中央保健管理所
車両課
検修課
管理課
保線課
工事課
設備課
電力課
信号通信課
保健事業室
開発チーム
管理課
土木工事課
電気工事課
総務課
輸送課
東北地域本社
盛岡支店
秋田支店
営業事務所（青森、山形、福島）
仙台研修センター
仙台鉄道病院
新潟支社
長野支社
東京工事事務所
東京電気工事事務所
仙台工事事務所
信濃川工事事務所
東北自動車部
現業機関

国鉄改革の成果

1986年度	年度	2006年度（JR7社） （※…2005年度、※※…2004年度）
36,051（億円） （助成金1,883億円含む）	営業収入	60,885（億円）
▲17,001（億円） （助成金1,883億円含む）	営業損益	9,452（億円）
636,702（千km）	列車キロ	750,893（千km）※
223,947（人）	職員数（社員数）	125,742（人）※
2.843（千km/人）	列車キロ/職員数	5.972（千km/人）※
▲3,776（億円） （⇒補助金受給額）	納税額	約3,750（億円）※※
25.0（兆円）	債務総額	11.9（兆円）※※

（出典：各社決算資料・鉄道統計年報）

20年の変化【JR 東日本単体】

1987年度	年度	2006年度
15,657（億円）	営業収入	19,400（億円）
2,964（億円）	営業損益	3,627（億円）
225,680（千km）	列車キロ	260,172（千km）
5,068（百万人）	輸送量	5,990（百万人）
82,500（人）	社員数	65,380（人）
376（件）	鉄道運転事故件数	92（件）

＜列車事故の推移＞

年度	鉄道物損事故	鉄道人身障害事故	踏切障害事故	列車事故	計	列車走行100万キロあたりの発生件数
87	0	124	247	5	376	1.60
88	1	130	176	8	315	1.24
89	1	116	156	14	287	1.10
90	0	115	123	2	240	0.88
91	0	128	116	3	247	0.90
92	0	108	95	7	210	0.75
93	0	122	86	1	209	0.77
94	0	92	73	3	168	0.62
95	0	90	72	3	165	0.61
96	1	84	75	4	164	0.60
97	0	86	71	3	160	0.59
98	0	66	69	1	136	0.51
99	0	89	51	2	142	0.53
00	0	65	84	3	152	0.57
01	0	64	56	1	121	0.45
02	0	68	40	3	111	0.41
03	1	47	46	2	96	0.36
04	1	57	57	6	121	0.45
05	2	56	74	4	136	0.50
06	1	57	32	2	92	0.34

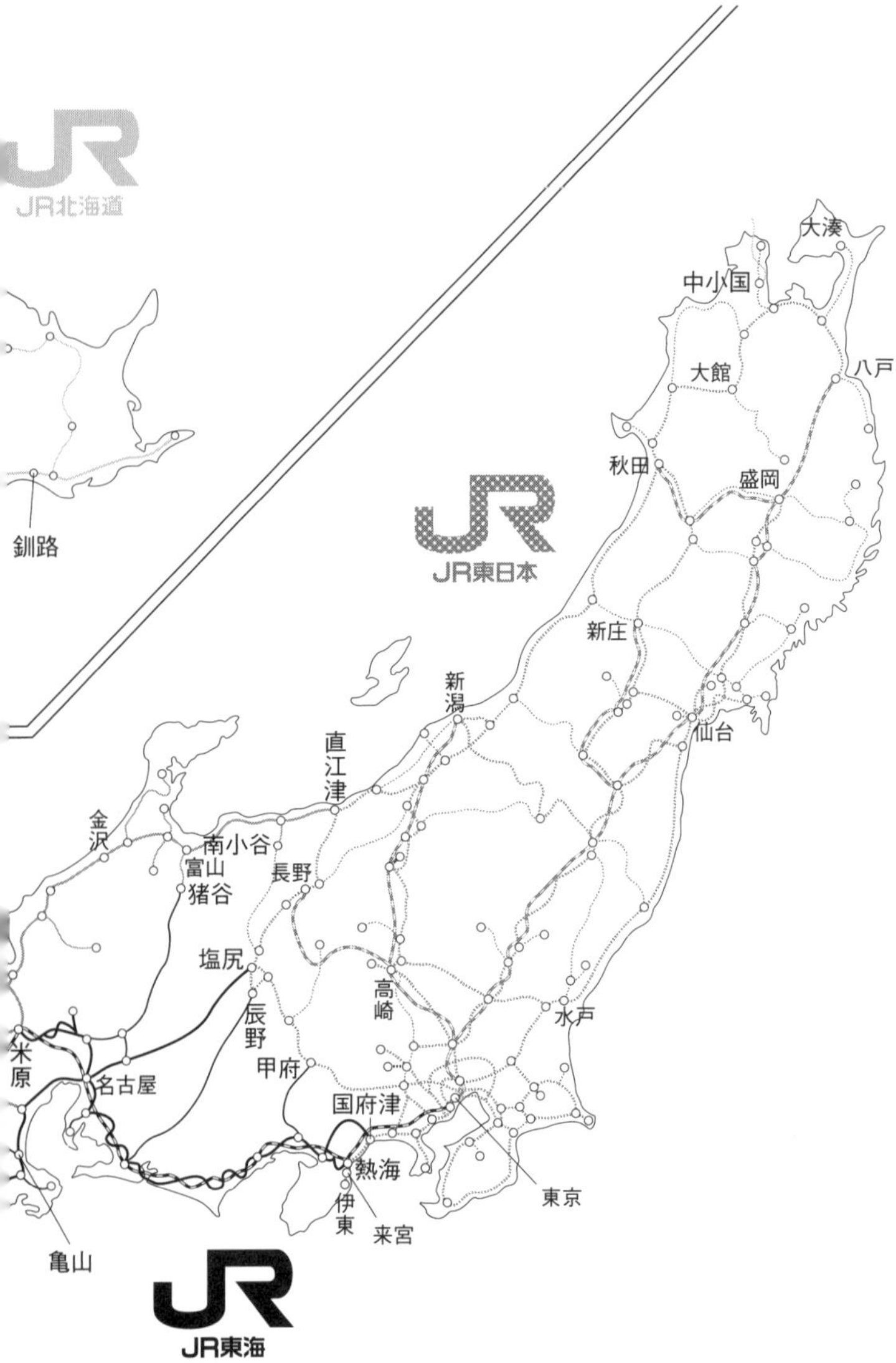
JR北海道
釧路
JR東日本
大湊
中小国
大館
八戸
秋田
盛岡
新庄
新潟
仙台
直江津
金沢
南小谷
富山
猪谷
長野
塩尻
辰野
高崎
水戸
米原
名古屋
甲府
国府津
熱海
東京
伊東
来宮
亀山
JR東海

JR全路線図

稚内
旭川
札幌
三厩
中小国

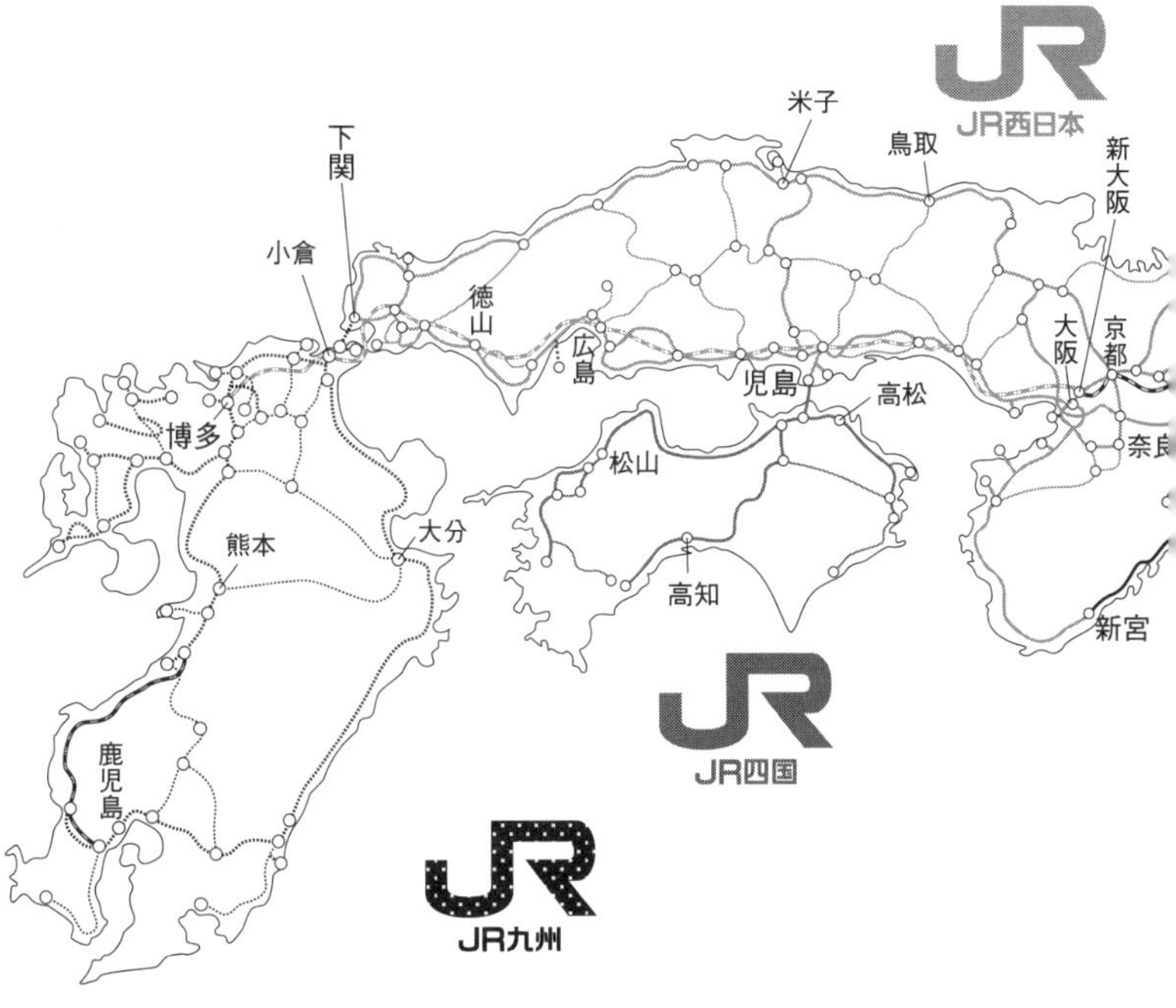
JR西日本
米子
鳥取
新大阪
下関
小倉
徳山
広島
大阪
京都
児島
高松
博多
松山
熊本
大分
高知
新宮
鹿児島
JR四国
JR九州

目次

装幀　安彦勝博

ＪＲはなぜ変われたか

はじめに　1日52億円の赤字から1日26億円の黒字へ

国鉄が民営化してJRグループが発足してから、早いものでもう20年の月日が過ぎた。経営的には予想外に良い成果を上げることができたと言ってよいだろう。国鉄最後の年であった1986年度の1年間の経常赤字は1兆8884億円（国からの助成金はなかったとして）にも達し、さらに同年度には国から1883億円の助成金を受けていた。それが19年後の2006年度の決算では、JR7社合計で連結経常利益が年間9452億円の企業グループに生まれ変わった。現在はもちろん国からの助成金は一切なく、反対にJR全社で約3750億円の税金を国に納めている。

日本の国鉄改革は、世界でも稀にみる企業改革の成功事例と言ってよいだろう。JRが発足した時には、20年後にこのような姿になっているとは夢にも考えていなかった。ともかくもあの国鉄の破局的な財政状況から抜け出し少しでも黒字の決算を出せる組織にしたい、地獄とさえ言える労使関係で何事をやるにしても労働組合の同意を得なければできないという異常な状況から脱却したい、との一念であった。

これについて語るとよく「借金を全部国に渡してしまったから黒字になるのも当然だ」というご意見をたまわることがある。確かに、国鉄の残した25兆円の債務に将来発生が見込まれる債務12兆円を加えた37兆円にも達する巨額の債務のうち、23兆円は国に引き取っていただいた。しかし残る14兆5000億円の債務は主としてJR東日本、JR東海、JR西日本の本州3社が承継した。JR東日本を例にとってみると、表に見えるものだけで3兆3000億円、実質6兆4000億円の債務を持ってスタートした。

通常、企業の債務総額がその企業の年間売上額を超えると危険信号だと言われるが、JR東日本は発足時に年間売上額の4倍の債務を持っていたことになる。そして20年間に2兆7000億円の債務を削減することができたが、現在でもなお3兆6000億円の債務を抱えている。

ちなみに1978年の国鉄の債務総額は、現在のJR全社が持つ債務とほぼ同じ額に相当する11兆8000億円であった。すでにきわめて巨額な債務であり、この年の国鉄は年間1兆1000億円の赤字（国からの助成金は除く）を出していた。現在、JR各社はこの時と同じ巨額な債務を持っていても大きな利益を計上している。同じ債務の額でも国鉄の時には大赤字になり、JRになってからは黒字になっている。これで分かるように、国鉄が赤字を出した最大の原因は、債務の額ではなかったのだ。国鉄を民営化することによって、企業経営の構造が本質的に変わったのである。

それは一口に言えば収入が増え、経費が減ったからである。これが企業経営の原点であることを国鉄改革は明確に示している。ＪＲの収入が増えたのは運賃を値上げしたためではない。それどころか、本州の3社は消費税の導入とその税率の増加の際の、それに見合う額以外は一切運賃値上げをしていない。国鉄がほぼ毎年のように運賃値上げを繰り返していたことを考えれば、運賃値上げが収入増加の秘策と言えなかったことは明白だ。

だが、国鉄改革を単なる、表面的な財務改善問題ととらえてはその本質を見誤ることになる。何かが本質的に変わったのだ。企業の価値観、行動原理、社員の考え方などすべてが変わった。それが国鉄改革の本質であり、それなくしては今日のような成果は実現できなかった。

私は本書で、その一端に触れていってみたい。この二十数年の出来事のなかで、とりわけ、中曽根内閣のもとで国鉄改革が俎上《そじょう》に載り87年にＪＲがスタートするまでの国鉄改革の過程に多くのドラマやエピソードがあったが、その全貌について最も正確な情報をご存じなのは、元運輸事務次官で国鉄再建監理委員会の委員でもあって、中曽根総理の信頼も厚かった住田正二《すみたしょうじ》ＪＲ東日本初代社長と、国鉄改革の実務面の司令塔だった井手正敬《いでまさたか》ＪＲ西日本元社長だと思う。従って、私は今それについては語る気はない。

序章　ＪＲ東日本の誕生まで

やっかいだった、会社間の境界決定と新幹線の分割

　１９８１年、中曽根康弘行政管理庁長官の主導の下に臨時行政調査会（第二臨調）が設けられ、国鉄改革がその最も重要なテーマとなった。国鉄の経営状態は国家にとっても大変深刻な状況になっていたからである。翌82年に「87年までに国鉄を民営分割すべき」とする答申が出された。この問題を具体的に検討するための組織として83年に「国鉄再建監理委員会」が発足した。

　これに対して国鉄内部には深刻な対立が生まれた。当時の執行部は、当初は民営化を含めて全面的にこうした国鉄の大改革には反対であったが、やがてそれではとてもすまないという認識から、民営化はやむを得ないが分割には反対し全国一体のままとする独自の改革案をまとめた。85年1月のことである。

　当然国鉄の首脳陣は社内をこの方向で一体にすることを求めたが、内部では意見が分かれてい

た。当時運転局長であった私にもいろいろな形で、両方面からの強い接触と圧力があった。かなり苦悩することも多かったし、私自身は間にはさまれて、一時本当に辞職を覚悟していた。

　そうしたなかで85年6月24日、午後2時過ぎ、突然仁杉《にすぎ》巌《いわお》総裁以下幹部が総退陣するというニュースが流れた。

　なんとなく国鉄内の空気が変わりだしていたのと、ある種の噂が流れていたのは承知していたのだが、突然こうした形で幹部が総退陣するとは思ってもいなかった。私が辞職に追い込まれる前に、辞職をさせる幹部の方が先に辞任させられてしまった。その日の午後6時過ぎに、後任の杉浦《すぎうら》喬也《たかや》国鉄新総裁から「常務理事をお願いします」というお電話があった。新しい役員が決まるとすぐに、緊急に決定しなければならない問題として、新しく発足する6旅客鉄道会社の境界をどうするかを決めるための会議が開かれた。国鉄を六つの地域鉄道企業に分割するという基本方針はすでに決まっていたが、具体的な会社間の境界までは決まっていなかった。それは実務に詳しいわれわれが決めねばならないのだった。

　国鉄再建監理委員会から、同年7月中に出す予定の最終報告書に明記するため、杉浦新総裁にこの問題の答えを早急に提出するよう要請があったに違いない。出席していたのは杉浦総裁、橋元《はしもと》雅司《まさし》副総裁以下全役員であり、国鉄改革の司令塔でもあった井手正敬総裁室審議役も加わった。

　境界駅の選定にあたっては、国鉄再建監理委員会の基本方針に基づき、第一に列車の運行がスムーズにできるために、なるべく会社間にまたがる旅客の少ない場所を境界とすること、大都市交通など多くの利用者のある区間では分割しないこと、各社の経営と運営がやりやすいことなどを原則として議論が始まった。

まず青函トンネルをＪＲ北海道に所属させるべきか、ＪＲ東日本の所属とすべきかについて議論が始まった。私は「このトンネルは北海道のためのトンネルですから、ＪＲ北海道所属とするのが筋だと思います」と発言すると、ほとんど異論はなかった。

東海道線のＪＲ東日本とＪＲ東海の境界は丹那トンネルとすることには誰も異論はなかったが、熱海駅を境界とするか、伊東線もＪＲ東日本にするかについて若干の議論があったように思う。伊豆半島が静岡県だからである。しかし乗客の流れを見れば、伊東線はＪＲ東日本所属とすることが素直なことは明らかなので、現在のように来宮駅が境界駅に決まった。日本海側のＪＲ東日本とＪＲ西日本の境界駅は直江津駅とし、直江津駅はＪＲ東日本の駅とすることには異論はなかった。

次に、東海道線のＪＲ東海とＪＲ西日本の境界駅は米原であることは当然だったが、米原駅をどちらの会社の所属にするかが問題になった。国鉄では米原駅は名古屋鉄道管理局に所属していたし、駅の職員も名古屋鉄道管理局所属の職員だった。しかし、米原は中京よりも関西経済圏に入ると考えるべきだし、米原にある車両基地の電車の多くは京都方面へ運用している。そこで米原駅は、国鉄時代とは違ってＪＲ西日本所属となった。

旧国鉄本社（千代田区丸の内）

やっかいだったのは長野県内の境界駅の決定だった。中央本線のJR東日本とJR東海の境界駅を塩尻とすることには異論はなかったが、飯田線と大糸線の境界駅をどこにするかについてはかなり議論が分かれた。長野県と静岡県、新潟県の県境の駅としてほしいという意見が、すでに長野県から強く出されていたからでもあった。県境駅を境界とすると、輸送上はきわめて都合の悪い形になる。そこで強く現在の形にするように主張した。結果はそうなったのだが、長野県は3社に分断されるという不満はその後もかなりの期間残った。同じように身延線、高山線も県境とは別に全線をJR東海とすることになった。

鉄道はそもそも線状の輸送システムであり、列車の運行もCTC（中央列車制御装置）で一括管理しているので、必ずしも行政上の境界と一致しないのは宿命だといわざるを得ない。JR西日本とJR九州の境界は下関駅を境界とし、青函トンネルと同じように関門トンネルはＪＲ九州の所属となった。

かなり議論になったのは新幹線の分割のあり方だった。在来線と同じような境界とすると、東海道新幹線は熱海駅と米原駅が境界駅となり、山陽新幹線も関門トンネルが境界となる。事実そうしたらどうかという意見も出た。

しかし私は強く反対した。東海道新幹線のコントロールセンターは東京にあり、山陽新幹線の列車のコントロールもここで行っている。大きな車両基地、乗務員基地も東京にある。もし熱海以東をＪＲ東日本とすると、ＪＲ東海は事実上、列車の運行に必要な機能を何も持たない会社になってしまう。こうした事実をあまりよくご存じではない幹部もおられた。そこで東海道新幹線はＪＲ東海が一体として所有し、新大阪をＪＲ東海とＪＲ西日本の境界とすることになった。

ところが、この新大阪駅をめぐっては、まだ問題があった。新大阪駅は山陽新幹線にとって最も重要なターミナルであると同時に、鳥飼（大阪府摂津市）にある車両基地も東海道新幹線だけでなく山陽新幹線にとっても重要な車両基地なのである。この問題はかなり議論になったと記憶している。結果として、新大阪駅は基本的にはＪＲ東海に所属するが、一部の設備はＪＲ西日本が自由に使えるようにした。

同じ問題が九州にもあった。九州からは、山陽新幹線の九州島内の区間はＪＲ九州の所属としてほしいという要望が強くあった。ＪＲ九州にとってもこの区間を持つことは大変重要な問題であった。だがここもＪＲ東海の東京の場合と同じように、山陽新幹線の最大の車両基地は博多にあるし、大きな乗務員の基地も博多にある。九州の気持ちはわかるが、この部分をＪＲ九州にしてしまうとＪＲ西日本は事実上実働部隊の多くを持たない企業になってしまう。苦渋の決断ではあったが、山陽新幹線は全線ＪＲ西日本所属とすることに決めた。この頃は、将来九州新幹線が実現するとは誰もまだ考えていなかった。

もう一つやっかいな問題は、東京駅をどうするべきかだった。この問題があったからこそ熱海駅を境界駅とする案が生まれたともいえる。東海道新幹線の全線の営業主体をＪＲ東海の所属とすると、東京駅はＪＲ東日本とＪＲ東海の2社が利用することになる。その財産の帰属をどうするべきか。

ＪＲの発足に際して、東京駅の新幹線専用部分の財産は、新幹線にかかわる本州3社の収益調整のため設立される新幹線保有機構の財産となったのだが、新幹線の高架プラットホーム下の土地の帰属が問題となった。結果として、東海道新幹線が使用する線路とプラットホームの上下の空間や土地はＪＲ東海の財産とすることになった。この決定を当時「雨だれ方式」と呼んでいた。東海道新幹線が使用する設備のある部分から雨だれが落ちてくる可能性がある部分の土地などの財産は、新幹線保有機構に帰属させる財産を除きＪＲ東海に帰属するとしたからだった。

なお、新幹線保有機構に帰属した財産は、東京駅のプラットホームや線路も含めて91年10月にＪＲ東海がすべて買い取り、ＪＲ東海の所有財産となった。

ただ、14番線と15番線のある部分をどうすべきかには、困った。この線路は、本来は東北新幹線のための設備として計画され、将来の東海道新幹線と東北・上越新幹線との直通運転の可能性を残すために、両新幹線の列車が利用できるようにデザインしてある。ところが、75年頃に東海道新幹線の設備の故障が相次ぎ輸送が大混乱した際、緊急避難として、本来東北新幹線のために建設されたこのプラットホームを一時的に東海道新幹線が利用することで、輸送の混乱を少しでも防ごうということになり、その後も東海道新幹線が利用し続けていたのだった。

この設備は本来東北新幹線のための設備であるので、建設の際の経緯から考えるとＪＲ東日本の所属とするのが当然なのだが、ＪＲ発足時には東北新幹線のターミナルは上野駅であり、まだ東京駅には乗り入れていなかった。さらに現実には東海道新幹線が利用しているということから、さまざまな議論の末に、ホーム下の土地などの基本的な資産はＪＲ東日本の財産とし、線路とプラットホームなどの設備は新幹線保有機構に帰属するという折衷案に落ち着いた。ただし新幹線保有機構が、ホームか線路の底地を無償で使用できるよう地上権を保有することにした。

またこの地上権は、91年の新幹線の財産買い取り後はＪＲ東海に引き継がれている。

このように民営化後の各社の経営の骨格は、各部局を代表する全役員の各般にわたる真剣な議論を経て、きわめて短期間で次々と決められていった。

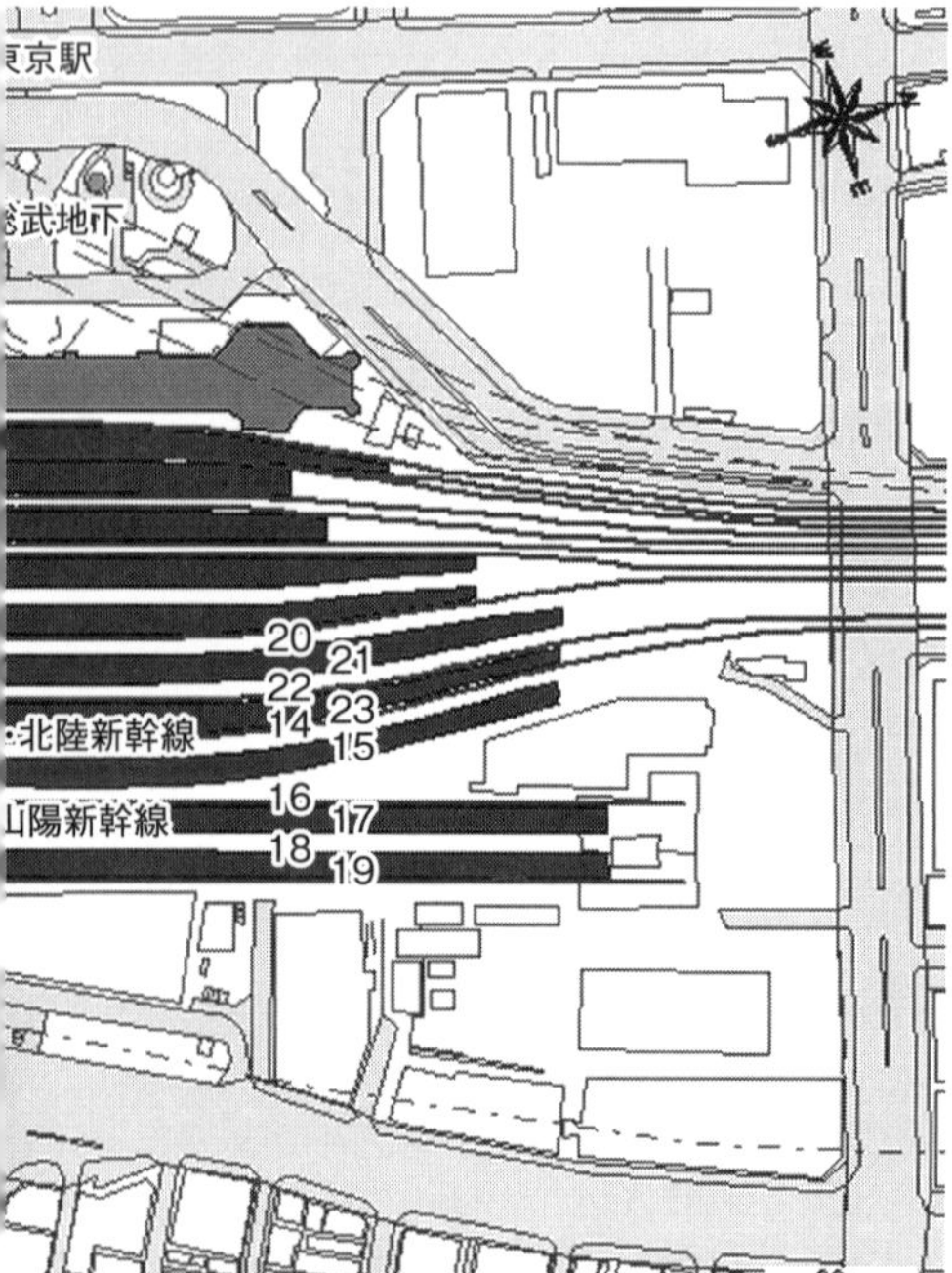

上野方向

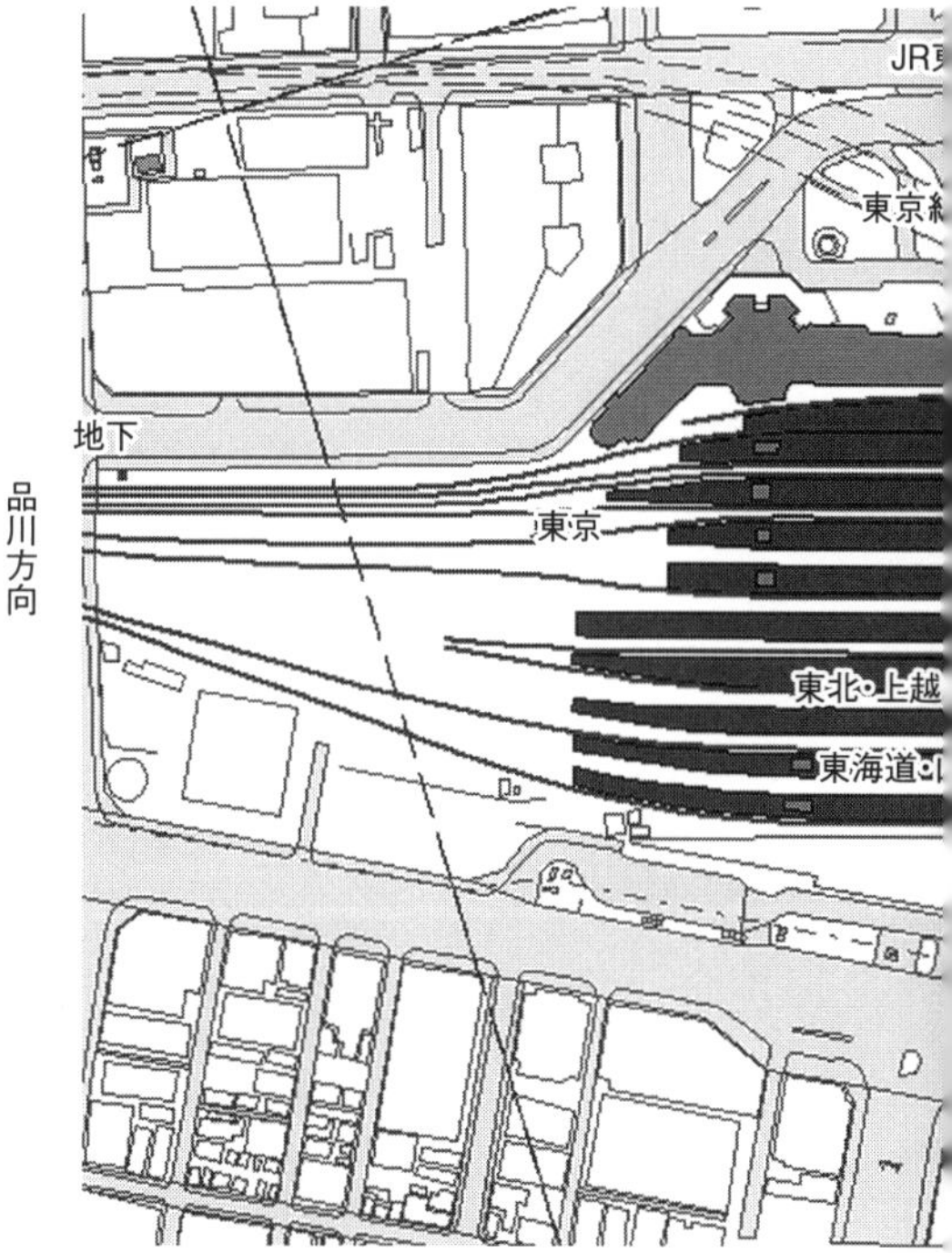

東京駅の新幹線プラットホーム

ＪＲ東日本スタート

87年4月1日、日本国有鉄道はＪＲグループの七つの鉄道企業に分かれて新しいスタートを切った。その日の午前9時、新しく発足する「東日本旅客鉄道株式会社（ＪＲ東日本）」の本社の正面入口の前に立った。昨日まで日本国有鉄道の本社だった建物の入口の横にある銘板は、一夜のうちに「東日本旅客鉄道株式会社」に変わっていた。三井造船の社長を務められ、経団連評議委員会議長にもなられた山下勇《やましたいさむ》会長、そして元運輸事務次官の住田正二社長に続いて入口のホールに入っていくと、両側に新会社の幹部社員たちが並んで、私たちを迎えてくれた。この時、私は非常に緊張していた。

その前夜、今はない汐留貨物駅の構内には、杉浦総裁をはじめ国鉄の幹部職員が集まっていた。こうこうと明かりに照らされた構内には、1両のＣ56型蒸気機関車が置かれていて、かすかに蒸気を上げていた。4月1日午前0時の時が告げられた時、この機関車は高い汽笛を一声鳴らした。115年の日本国有鉄道の歴史が終わった瞬間だった。この汽笛を、国鉄が消える悲しみの叫びと聴いた者もあろうし、新しい民間会社が発足するための祝いの汽笛と聴いた者もあろう。短時間に国鉄から民営化する新会社の設立のために、日夜膨大な準備作業に没頭していた者たちにとっても、大きな感慨のひと時であったに違いない。私自身はといえば、意外と冷めていて、国鉄がなくなることに対する感傷などまったくなく、何かさっぱりしたような気分だった。もう国鉄とは呼べない本社のビルに戻って、杉浦総裁、国鉄改革の司令塔となった井手総裁室長を囲んで一同でグラスを上げ、短時間仮眠をとった。

そして、ＪＲ東日本発足の時を迎えたのだった。

午前10時、９階の大ホールに主だった社員が集まり、まず山下会長のご挨拶があった。

「会長の山下です。どうぞよろしく。国鉄の民営分割に伴い、ＪＲ東日本、東日本旅客鉄道株式会社が本日発足し、皆さんと共に、この会社を担っていくことになりました。

今まで皆さんは、公共企業体である国鉄の職員として働いてきたわけですが、本日から民間企業であるＪＲ東日本の社員として働くことになります。これまでも、公共企業体といえども決して採算を度外視してきたわけではなく、国鉄の再建計画、経営改善計画は何度も出されてきました。しかしながら、これまでのどの計画でも、誰にも頼らずに責任を持って経営を行うという考え方はありませんでした。公共企業体である限り、最後には国の財政援助があるのは当然だという考え方が根強くあったと思います。

しかし、これからはこのような考え方は絶対に受け入れられません。これまでは公共企業体である国鉄にのみ通用する常識がしばしば経営の考え方の尺度になってきたと思いますが、今日からは民間企業という開かれた組織の一員として世間一般に通用する常識を皆さんに持ってもらわなければなりません。その常識とは、自分の生活の糧は自分で稼ぐということです。これは民間会社ではきわめて当然のことですが、非常に厳しい話です。経済情勢がどうなろうが、経営環境がどんなに厳しい状況になろうが、どこにも頼るところはないということです。どんな状況の中でも、それに対応して生きる道を見つけ、努力していかなければならないのです。

ＪR東日本の船出は、厳しい環境にあります。国鉄からの引き継ぎ債務3兆3０００億円を背負って、今年度から２３００億円の利子を支払わなければなりません。しかし、全社員が一丸となって必死の努力を続けていけば、必ず経営はうまくいくと、私は考えています。まず、皆さんには親方日の丸意識をすべて捨て去り、徹底してお客さまを中心にものごとを考えてもらいたいと思います。サービス産業に従事するわれわれは、社会の動き、その中でのお客さまの声、ニーズを的確に把握し、それにどんどん対応していかなければなりません。

今日のスタートにあたり、新しい社員の皆さんに、われわれ社内一丸となり、いかなる困難をも積極的に克服して社会の期待に応えていくことを誓って戴きたいと思います」

私は最前列の中央で聞いていたが、大変新鮮で、簡潔ながら民間企業としてあるべき方向を的確に表現されると同時に、大変厳しいという印象も受けた。長年民間企業で苦労された方ならではのお話だった。

余談になるが、事前に山下会長に「新会社発足に際しまして、まず冒頭にご訓示をお願いします」とお願いしたところ、「民間企業では訓示とは言わない、挨拶だ」とのお叱りを受けたのが、民間企業とはこうしたところから違うのだと、まず非常に印象的だった。

山下会長に続いて住田社長のご挨拶があった。

「JR東日本の社長として、今日から皆さんと一緒に仕事をすることになりました住田です。どうぞよろしくお願いします。

私は、JR東日本の将来について、明るい見通しを持っています。JR東日本が経営していく鉄道事業は、国民生活の向上、国民経済の発展に不可欠な役割を果たすものであり、これは永久に変わることはありません。また、私たちには、鉄道事業を中心に、今後はこれまで進出できなかった幅広い総合的なサービス事業の展開も可能となりました。

しかしながら、本日発足したばかりのJR東日本は、現在のところ経営的には決して安定した状態ではありません。むしろ数多くの不安定な要素を抱えています。従って、当面の最大の課題は、どんなに苦しくても絶対に赤字を出さないことであり、一日でも早く、少しぐらいの台風がきてもビクともしないような強い経営体質を持つ会社に、JR東日本を育てあげることであります。そのために皆さんと手を携えて全力を尽くして頑張りたいと思います。

これから皆さんと一緒に仕事をするにあたって要望したいことは、第一に、お客さまあってのJR東日本であり、良いサービスを通じて、お客さまと地域に密着していくという気持ちを持って戴きたいことであります。第二に、清新潑剌《はつらつ》とし、率直に意見を交換しうる風通しのよい職場を作りあげてほしいことであります。第三に、常に企業マインドを持ち、自分の行動が会社の繁栄に直接結びついているという意識を持ってもらいたいことです。第四に、会社を良くするためのアイデアを積極的に提案してほしいことであります。第五に、困難な問題に対して旺盛なチャレンジ精神を持って立ち向かって戴きたいことであります。全社員がこのように行動していけば、ＪＲ東日本は活気に満ちた強い会社となり、その前途は洋々たるものがあると確信します。

私どもが仕事をする上において常に念頭に入れておかなければならないことは、輸送の安全の確保であり、安全こそ鉄道事業の原点であります。安全性の向上は、輸送に直接従事する社員はもちろんのこと、すべての社員が絶えず心に留めておかねばならないことであります。

私たちは、ＪＲ東日本を、そのシンボルカラーである豊かな緑色にふさわしい萌える生命力を持つ会社に育てあげていきましょう。私たちはまた、東日本に住む５０００万人の方々から信頼され、愛され、親しまれる会社にして参りましょう。そして、ＪＲ東日本で働いていたことをいつまでも誇りと思うことができる立派な会社を作りあげましょう。そのために一緒に頑張ろうではありませんか」

お二人のご挨拶の根底には、新会社の発足にあたって、まず経営に対する危機感と、お客さま第一意識の徹底があり、住田社長のご挨拶には、すでにこの新会社を経営する上での基本理念と情熱が込められていると感じた。

役員室に行くと、そこは住田社長の指示で大部屋になっていた。「この方が風通しは良くなる」とおっしゃった。むろん、異論はないし、この方が他の役員の仕事ぶりがわかるだけでなく、人の出入りだけで社内で今何が問題になっているか良くわかるので、大変都合がいい。国鉄時代は長年個室で仕事をしてきたが、何か独房に入れられているような孤独感があって、よく各部門に出かけて行って迷惑がられたものだ。その必要も少なくなる。

副社長の私の机は、鍵型の部屋のちょうど角の位置にあった。いわば、扇の要の位置にあたる。左手が社長、右手には4人の常務取締役の机が並ぶ。これも社長の方針で、当社には専務取締役は置かないことになっていた。私も、企業に常務と専務の区別をする必要がなぜあるのか、いまだにわからない。

私は、自分の責任が重いことを痛感していた。会長、社長は旧国鉄外から来られたので、国鉄出身者としては私が最古参である。国鉄時代の社員の気風と、良きにつけ悪しきにつけ組織の体質は熟知しているつもりなので、会長、社長の意思を現場末端の社員まで徹底すると同時に、反対に社員の真の思いを統括してお伝えする責任もある。

そして副社長は私一人で、同時に鉄道事業本部長と建設工事部も担当することになった。国鉄の建設工事部門は最強の技術集団であり、新幹線の建設をはじめ毎年巨額の工事費を使い、その政治力と業界に対する影響力もきわめて大きな存在であった。一方、鉄道事業本部は、一事業本部とはいえ企業の全収入の96パーセントを稼ぎ出す事業部である。会社の全事業に等しいと言ってもいい。

まず会長、社長の意を受けて社員にお客さま第一の意識を徹底しなければならない。さらに当然のことながら収入の増加と、経費の削減に努めなければならない。そして何よりも安全の確保に全力を挙げねばならない。

さらにもうひとつ、会長、社長、それに国鉄改革3人組の一人と言われた松田《まつだ》昌士《まさたけ》常務取締役と私、この4人のチームワークを確立しなければならない。トップの意見が割れ勢力争いが起きると組織がガタガタになるということは、国鉄時代に何度も経験したし、他の企業でもしばしば起きていて企業の経営を危うくする。幸い、JR東日本のトップになられたのは大変優れた方々だったが、個性の強い人たちでもあった。この4人のチームをまとめていくのは私の最大の仕事だと思ったし、事実、それにはずいぶん神経を遣った。

第1章　ハードもソフトも、すぐに大転換

まずはトイレから

新しく発足するＪＲ各社の組織は、国鉄時代と比較すると、大幅に小さくなっていた。ＪＲ東日本の本社の場合、人員は国鉄の半分以下の人員になっていたと思う。この組織の原案はすでにできあがっていたのだが、住田さんが社長に就任されることに決まった時に事前にご説明にあがったところ、激怒された。「社長の私の意見を聞かずに組織や人事を決めるとは何事か」。これには返す言葉がなかった。その場で、組織の更なる縮小が指示され、運輸部と車両部、施設部と電気部はそれぞれ統合することになった。組織が変わると人事も大幅に変更しなければならない。新会社発足直前のことである。

地方組織の場合は、もっと大規模な組織の削減を行った。ＪＲ東日本の担当する地域には国鉄時代には11の鉄道管理局があって、各局に４～８の部があった。まず最大の東京地区では、三つ

あった管理局を一つにまとめ、企画管理機能は本社に移管して、独立した支社とはせず、いわば本社直轄の列車の運行や駅の業務を主体とする「東京圏運行本部」と、営業に専念する「東京圏営業本部」を設置する。

千葉、水戸、高崎の3旧管理局は東京圏運行本部の下に、単なる運行部とし、六～七つあった「部」は全廃して総務、運輸、工務の3課だけにする。かつては各部に5課ぐらいあったので、大変な縮小であった。仙台地区は東北地域本社として独立するが、盛岡と秋田の鉄道管理局は東北地域本社の下にある支店とし、他の新潟、長野の旧鉄道管理局も支社と改め、新潟は7部を4部に、長野は4部を4課に縮小する。

ただ、この新組織はあまりにも過激すぎたのか、地元からの反発もあって、1年後に3運行部と支店は支社に変更になり、課も部に昇格することになった。

また、工事部門ではもっと激しく縮小し、かつてJR東日本地域には工事局、電気工事局、建築工事局など9の工事局等があったものを、東京、東京（電気）、仙台、信濃川の4工事事務所だけにした。

さて、いざ仕事にかかろうとしても、何から手をつけたらよいのか、そもそもどこに誰がいるのかさえわからない。その時、松田常務取締役が私に「山之内さん、まず配下の部下を集めて会議をやりなさいよ」と言ってくれた。そこで3日後ぐらいに、鉄道事業本部の百瀬茂《ももせしげる》営業部長、芳賀恒雄《はがつねお》運輸車両部長、町井且昌《まちいかつまさ》施設電気部長、福西幸夫《ふくにしゆきお》安全対策部長、永尾勝義《ながおかつよし》東京圏営業本部長、佐々木康治《ささきこうじ》東京圏運行本部長、それに内田聴吉《うちだそうきち》建設工事部長と力村周一郎《りきむらしゅういちろう》人事部長も加わり、名付けて「鉄道事業本部会議」を開いた。後には大塚陸毅《おおつかむつたけ》財務部長も参加するようになった。

第1回の会議で私が指示したのは「国鉄の何の評判が悪かったのか、それを考えて持って来い」というテーマだった。国鉄の民営化が成功するかしないかは、まずお客さまに「JRになって良くなったね」と思っていただけるかどうかにあると考えたからである。次の会議には多くの問題点が並んでいた。

曰く、社員の接客態度がなっていない。運賃が高い。通勤の混雑がひどい。駅が汚い、特にトイレがひどい。駅の案内がわかりにくい。列車ダイヤが不便。列車の接続が悪い。事故の時の案内がなっていない。車両が古い等々。どれもその通りだと思わずにはいられない内容だった。

「これはどれも事実だね。まず何から手をつけようか」

するると、町井施設電気部長が、「まずトイレからやりましょうよ」と言った。

「それはいい、それからやろう。すぐにやってくれないか」

「はい、すぐにやります」

こんな簡単な「即断即決」は、各局の力が強くボトムアップしても途中ではねつけられることの多かった国鉄時代では、まず考えられないやりとりだった。民営化がもたらした、劇的な変革の一つの表れだった。

きれいになったトイレ（東京駅）

町井部長はすぐに、いくつかのグループを組み、自身も数人の部下を連れて、実際に駅のトイレを率先して清掃してくれた。実際の現場の状態は想像以上にひどく、1カ所の清掃に3時間以上もかかったそうで、作業終了後、駅の近くで打ち上げ会をやると、お酒がトイレ臭い気がしたという。

その後、すぐに数十億円の資金を投入して駅のトイレの美化に取り組んだ。これも、即断即決である。新橋駅にはモデルケースとしてシティーホテル並みの設備を持つチップ式トイレ「パウザ・デ・クロマ」を作った。あえて入口にバリアは設けず、当初は入口に人も配置したのだが、実際にお金を払ってくださる方は少なかったようだ。翌年、日本トイレ協会から「グッドトイレ大賞」を受賞した。JRがトイレの美化に取り組んだことの影響は大きかった。その後まもなく、百貨店をはじめ、パーキングエリア、公衆便所まで目だって綺麗になった。

この鉄道事業本部会義は毎週2回、朝所定の出勤時間より1時間早く開催することになり、大体前半は、私が最近見た新聞や本の記事の中から、新しい民営企業にとって参考になると思った記事をコピーして配り、最近お目にかかった経営者など部外の方のお話を紹介し、その後具体的なテーマの議論をする。その後、鉄道事業の運営に関する主なテーマは実質的にこの会議で決めていった。社内では「鉄事本」と呼ばれ、「第2常務会」という陰口さえあった。この会議は、週に1回になったが今でも続いている。

「お客さま」という言葉

次に、実際にお客さまの声を聴いてみようということになり、幹部社員が主な駅に出かけてお客さまのご意見を聴いた。私も上野駅で2時間ほどそのためのコーナーの机に座ってご意見をうかがった。やはり運賃や接客サービス、列車の混雑に対する苦情が多かったが、なかには激励してくださるお客さまもおられて、感激した。

なかでも勉強になったのは、ある中年のご婦人から「柏（千葉県）に停まる特急列車をもっと増やしてください」と言われたやりとりだった。「柏からどこまでご利用になられるのですか」とうかがうと、怪訝そうに「あたりまえでしょう、上野に来るためですよ」。私たち鉄道のいわば専門家は、特急列車はもっと長距離の区間をご利用になるものと思い込んでいて、柏から上野までわずか23分、こんな短い区間に特急列車を利用されるとは考えていなかったのだ。専門馬鹿の代表例であり、やはり実際にお客さまの声をうかがうことの必要を痛感したのだった。

その後すぐに、主要な駅には、お客さまの声をうかがう専門のコーナー「グリーンカウンター」を設け、そのご意見を本社や支社にすぐ伝えられるように、「グリーン情報システム」と呼ぶオンラインのコンピュータシステムも設けた。

簡単に「お客さまの声を聴く」と申し上げたが、実はこの「お客さま」という言葉を社内に徹底するのですら簡単ではなかった。国鉄時代には、お客さまとは言っていなかった。本社などでは「乗客」あるいは「利用客」と言うのが普通だったし、現場でも「お客さま」ではなく「お客さん」が一般的だった。会長、社長の冒頭の挨拶はちゃんと「お客さま」となっていた。まずこれを浸透させなければならない。率先垂範、私もすぐに「お客さま」と言い出したのだが、正直なところ、長年の習慣があって、この言葉を使うことにすら一種の抵抗感というか、戸惑いすらあった。何かわざとらしい気もしたし、「副社長は無理して言っている」「格好をつけている」と部下から思われないかという思いもあった。白状すると、最初のうちは舌がもつれるような思いだった。

昨日まで長年国鉄式にお客さまと接してきた社員の気持ちが、民営化したからといって、一夜で変われるものではない。JR東日本はまず、サービスの心得を徹底するために、他の民間企業にならって「私たちは、真心をこめたサービスをいたします」という行動指針を、毎朝の駅の点呼の際などに一同で唱和することから始めた。しかし現場の実態は、そんなことで変わるほどなまやさしい状況ではなかった。真面目な社員がたくさんいたのは事実だが、一方で、斜に構えたり、明らかに反抗する社員も例外とはいえなかった。なにしろ、国鉄には長年の間、労働組合の支配の中で、経営側の指示に反抗することを称揚し、お客さまに丁寧に接することを「当局におもねる」「点数稼ぎ」などとしてむしろ忌避する気風すらあった。

そこで、お客さまにきちんとした対応ができない社員は順次、接客部署から外していった。企業としては当然の措置である。私自身、特急「あさま」号の車掌がお客さまの切符の検札を威張った態度でしている姿に暗然としたことがあった。次々と現場を回ってみると、実情がよくわかる。かなり変化して良くなった駅もあれば、相変わらず反抗的な社員に手を焼いている現場も少なくない。秋田駅の周辺の現場を回っていたら、2階に集まった反抗的な社員から大声で怒鳴られたこともあった。それでも、国鉄時代に比べれば日に日に良くなっていくことは、はっきりと感じられた。

私たちが、まず「お客さまから見て『JRになって良くなったね』と思っていただけること」をテーマとしたのは当然といえば当然だが、それ以外に私たちには大きな危機感もあった。

当時のマスメディアの大半が国鉄の民営分割に懐疑的であったし、国鉄の民営分割は誤った政策であり、うまくいくはずがないという意図的とも言える意見も少なくなかった、というのが実情だった。

当時の新聞記事を見ると、「あの大赤字だった国鉄が、民営化したからといって、うまくいくはずがない」「国鉄を民営化すると利益優先に走り、安全性がおろそかになる」「地方ローカル線はどんどん廃止される」などなどの論調が散見される。ちなみに、87年3月に『読売新聞』が実施した世論調査では、国鉄民営化への期待として、列車ダイヤの改善などのサービスの向上、接客態度の改善、職員の仕事ぶりの意欲向上が挙げられているのに対し、不安としては列車の接続、乗り換えが不便になる、長距離列車の運行が難しくなる、ローカル線を切り捨てる、黒字になるはずがない、運賃が高くなる、安全対策がおろそかになる、などが挙げられていた（角本良平《かくもとりょうへい》『国鉄改革をめぐるマスメディアの動向』より）。国鉄民営化に対する期待には応えていかなければならないし、不安に対してはそれが事実でないことを証明していく必要があったのだ。

国鉄改革は大変な犠牲を伴った大改革であった。7万人を超える人たちが国鉄を去らざるを得なくなった。当然のことながら一部労働組合の抵抗は強く、左翼論壇の国鉄改革に対する批判は意図的とも言えるほどすさまじかった。

危険でつらい仕事を楽にしたい

国鉄がＪＲになることについて、多くの社員たちの気持ちは複雑だったに違いない。おそらく、大部分の社員は国鉄への愛着が強く、民営化されることに本音で賛成だった人はきわめて少なかったと思う。多くの社員にとって国鉄こそ自分の職場であり、国鉄で働くことに誇りを感じていただろう。国鉄職員には、自分の子供に後を継がせる人が驚くほど多かった。民間企業より公共的使命が強い、国営の企業に勤めることに、大きな誇りを持っていたのである。あえて言わせていただければ、民間企業となることは一種の格下げとすら感じていた職員も少なくなかったと思う。

国鉄改革の過程で、職場が変わり、仕事が変わった人も少なくなかった。一生を同じ職場で過ごす人が少なくなかった国鉄の職員にとっては、それは大変な変革であった。内心は不安でいっぱいな人が多かったに違いない。しかし、新会社の将来を握っているのもこの人たちだったのである。お客さまだけでなく、多くの社員たちも、「JRになって良かったね」と思ってくれるかどうかが、国鉄改革の成否を左右する第二の重要な要素だと思った。どうすればそう思ってくれるだろうか。

最も安易な道は給与を上げることである。国鉄民営化の際に、労働組合の要求により不合理なほど多額かつ複雑になっていた各種手当の削減をしたことなどで、社員の実際の収入は減った人が多い。「倒産会社ならあたり前だろう」と言ってしまえばそれまでだが、そう言っては社員の気持ちは奮い立たない。危機感と使命感を訴えればよいというものではないのだ。だがスタートしたばかりの新会社の経営状況は、とても、思い切って社員の給与を上げることができる状況ではなかった。ＪＲ東日本は発足当初から3兆３０００億円の債務を背負ってのスタートである。実はこれ以外にも新幹線の設備をリースで借りているなど隠れた債務があって、それをすべて加えると実に6兆円を超える巨額な債務となる。最初は本当に倒産の危機感を抱いていた。そこでいったん安易に賃金を上げるると、その時には良いがやがてそれがあたり前になってしまうので、一時的な効果しかないいし、当社のように人件費の占める割合の高い企業にとっては命取りになりかねない。それだけでなく、他の企業を見ても、給与の高い企業の社員の志気が高く、労使関係も良好かといえば、決してそんなことはない。

それでは、どうすれば社員に「ＪＲになったら良くなったね」と思ってもらえるか。それは仕事の中身とやり方を変えてやることだと思った。

鉄道の仕事には危険でつらい仕事が多い。雨の日も風の日にも線路を歩きながら点検し、わずかな列車と列車の合間に線路の修理をする社員。汚れと錆《さび》にまみれた車両を修理する人たち。２万５０００ボルトという高圧の送電架線に上って修理をする人々。ひとつ間違えると命にかかわる仕事もあるのだ。運転士といえどもいつ踏切で大型トラックと衝突するかわからない。こうした人たちの仕事を少しでも楽にして、もっとやり甲斐のある仕事に変えてやりたい。そもそもこれだけ技術の進歩した時代にいつまでもこんな仕事のやり方のままでいいのか、という思いもあった。そのための新しい仕事のやり方と、新しい技術の開発に取り組んでいくことにした。それは後に、まず自動改札の導入に結実していく。

東京駅コンとステーションギャラリー

ＪＲ東日本が発足して間もなく、町井施設電気部長から「東京駅でコンサートをしませんか」という提案があった。

これは面白いと思った。あの赤レンガの東京駅の入口で、夕方に皆さまに音楽を聴いていただく。単なるイベントと言ってしまえばそれまでだが、その気になればすぐにでもできるし、お堅くてサービスの悪い国鉄からＪＲになって変わったというイメージチェンジになるし、格式ばったというイメージの強いクラッシック音楽をこうした町の中でゆっくりと聴けるというのも悪くないと考えて、この提案をすぐ実施に移すことにした。交友関係の広い彼は、すぐに作曲家の團伊玖磨先生を中心にして、木下秀彰《きのしたひであき》東京駅長を代表者とする実行組織を作ってくれた。

だが、いざ実行となると多くの問題が出てきた。まず、このコンサートを聴くために駅に人があふれて大混乱が起きては大変。そこで、座席を４００人に限定し、希望者には事前に整理券を出すことにした。次に、思いのほか費用がかかることがわかった。原則として火曜日の午後7時から1時間程度のコンサートだが、そのためには、朝のラッシュアワーの終わった後に急遽ステージや舞台装置、座席などを設け、そしてコンサートが終わるとこうした設備をその日のうちに撤去しなければならない。しかもこれを、毎週やろうというのだ。そのための費用が馬鹿にならない。

それでもJR東日本が発足してからわずか3カ月後の87年7月21日に、初めての東京駅コンがスタートした。この日の音楽はスイスのケルンザー少年少女合唱団の合唱だったと思う。「駅コンを聴きたい」という希望者が大変多く嬉しかったが、その一方で、「ただでさえ混雑している東京駅であんなことをやられると通路が狭くなって迷惑だ」「あんなものは聴きたくない」など、厳しい抗議も殺到した。そこで、駅コンの会場とお客さまの通られる通路の間には高い壁を作ることになった。これにまた費用がかかる。そのための費用を負担してくださるスポンサーを集めるのが大変だった。

東京駅コンをやってみて、改めて東京駅の建物がいかにあるべきかを考え直してみた。国鉄当時、そしてJR東日本発足直後もどちらかというと、あの建物は壊して新しい駅ビルを建てたいという意見の方が社内では有力だったのではないかと思う。事実、JR東日本が発足して間もない頃に「東京駅に新しいビルを建てたらこんなに利益が上がります」というプランを見せられた記憶がある。

だが、私は反対だった。それには私が3年ほどパリで生活した経験が大きく影響していた。フランスだけでなくヨーロッパ各国では伝統ある建物を非常に大切にしていて、戦争中に破壊された建物の多くが復元されているのをこの目で見てきた。これは非常に大切なことだという思いを強く持っていた。東京駅にはわずか百年余の歴史しかないというのは事実だし、従って文化遺産

1987年７月21日　初の東京駅コン

としての価値は低いという意見も強かったが、あの建物はいわば日本の鉄道と東京の玄関口としてのシンボルであり、非常に多くの人が思い出を持っているはずだ。私自身もまだほんの子供だった頃に、あの東京駅から特急「つばめ」に乗った思い出は強く残っている。

ぜひ、あの建物は残したい。

しかしその議論を社内で起こすのは時期尚早と考えた。それよりもあの建物を壊せなくなるような既成事実を作ってしまった方が良いのではないか。それと同時に、あの貴重な建物の利用の仕方が間違っているのではないかとも思った。独特の、他にはない貴重な建物の中に貴賓室と東京ステーションホテルがあるのはいいが、その他の大半の場所は社員の業務用に使っていた。これはもったいない。もっとあの建物にふさわしい使い方にすべきだ。

ヒントになったのが、パリのオルセー美術館だった。かつてフランスのPO（パリ・オルレアン）鉄道会社のパリのターミナルだったのだが、この鉄道が電化して機関車の牽引能力が大きくなり、長い編成の列車を走らせられるようになった際に、この場所ではプラットホームを長くすることが不可能だった。そこで、新しくセーヌ川の上流にオーステルリッツ駅を造ってターミナルにした。駅そのものは郊外電車の駅として残ったが、もうあの大きな建物は不要な廃墟の状態になっていた。それを美術館に変えた。

東京駅を、廃墟となる前に、オルセー美術館にはとうてい規模は及ばないが美術館にしてはどうかと思い、当時の建築部門の責任者だった叶《かのう》篤彦《あつひこ》旅客設備課長にこの考えを伝えると、喜んで賛同してくれた。すぐにプランを作り、ＪＲ東日本発足翌年の88年に、東京ステーションギャラリーがオープンした。このギャラリーがオープンする前には、東京駅の普段は使用しない通路を利用して日本画壇の重鎮・加山又造氏の個展を開いたこともあった。

ステーションギャラリーの第1回の展示会は「キュービズム時代のピカソ展」だった。マスメディアからは「今さらピカソ展とは」という厳しいご批判だったが、この赤レンガの地肌を生かした素敵な空間デザインが話題を呼び、このギャラリーで展示会を開きたいというご希望が多く寄せられるようになった。最も感激したのは、あの巨匠バルチュスがたまたまこのギャラリーの前を通られて「私が日本で展覧会を開くならここだ」と言ってくださったそうで、その後、これが実現した。住田社長が提案された、中堅の画家の方々に東日本の風景を描いてもらってはという構想も実現した。その時に描いていただいた画は、当社の貴重な財産となった。

ただ、このギャラリーの運営にも多額の費用がかかった。住田社長の指示により、基金を積み立てて文化財団を設立することになり、92年に東日本鉄道文化財団を設立。その後は東京駅コンもステーションギャラリーもこの文化財団の主要な行事となり、ＪＲ東日本の文化事業としての基盤が確立した。

この文化財団が設立された頃から、東京駅の赤レンガの建物を保存してほしいというＪＲ外部からの意見が次第に強くなり、社内の意見も次第に「やむを得ないかな」という方向に変化していった。時代もバブル経済がはじけて、利益万能主義に対する一種の反省と、その時代に失った

多くの人が思い出をもつ東京駅

ものの貴重さの再認識、そして、経済的な価値だけでは判断できないものを大事にしようという意識が生まれたのだった。

今の東京駅は、戦争の際の爆撃のためにひどく破壊されて、大正3年に建設された当時の姿とはかなり違う。かつて3階だった建物は2階になり、私が子供の頃に見慣れた円形のドームは、現在のヨーロッパのお城のような屋根に変わった。東京駅を創建当時の姿に戻したいという検討も、JRが発足した数年後から始めていたが、約400億円かかるという経費の問題と、もうこの駅の建物の構造自体がかなり傷んでいて、技術的にできるかどうか不安があるという点が大問題だった。

私自身は、現状でもかまわないが保存はしたいと思っていた。決定打となったのは松田昌士社長（当時）の「東京駅を昔の姿に復元しよう」という意思決定であった。この頃から空中権の取引ができるようになり、この駅の持つ空中権を売ることによって、JR東日本が東京駅を復元できるようになったことが背景にある。そのため、2011年まで東京駅コンもステーションギャラリーも休止せざるを得なくなり、東京ステーションホテルも休館となった。

だが、やがてさらに大きな規模になってお目見えする。かつての雰囲気を取り戻すことになるだろう。

月次決算すらできなかった

JR東日本が発足して2カ月ほど経った頃、山下会長から「月次決算はどうなっている」というご質問があった。幹部一同は当惑して、顔を見合わせた。国鉄時代には毎月の収入と予算の消化状態には注意を払っていたが、月次決算など見たこともなかった。山下会長からは「月次決算すらできないようで民間企業と言えるか」という厳しい叱責があった。そこで、急遽、月次決算をすることになったのだが、そのための体制がまったくできていなかったので、財務関係者は大変な苦労をしたと思う。

87年6月の末頃だったと思うが、4月分の月次決算が常務会に報告された。それを見た山下会長がびっくりして思わずのけぞっておられたのを覚えている。1カ月間の営業利益が1027億円、経常利益は836億円という巨額だったからである。一企業の年間業績としても好成績と言える利益が、たった1カ月の間に出ている。私もこれには驚いた。このまま行くと1年後には巨額の利益が出ることになる。国鉄の1日の損失額は50億円だった。民営化して債務は減ったとはいえ、まだ巨額の債務を持ってスタートしたJR東日本である。嬉しいと同時に心配にすらなった。何かの間違いではないかと。

実は、これには訳があった。JR東日本が発足して間もない4月には、まだ何の契約の準備もしていなかったので、動力費や人件費は別として、修繕費にしてもその他の業務費にしてもほとんど経費を使っていなかったからだった。毎月これだけの利益が出ればすごいことになるが、こんな状態が続くわけがない。その後、どんどん出費が増え、月単位では赤字になる月も出てきた。

最初の1年間は、線路など地上設備に多額の修繕費を投入した。国鉄の最後の時期には、線路の保守状態は悪くなる一方だった。財政の悪化で十分な修繕費を確保できなかったのと、労働組合の無茶な要求のために、非常に能率の悪い仕事の仕組みになっていたからだ。たとえば、保線の現場ではその日に作業をする現地へ直接行くのではなく、まず支区という事務所に出勤し、そこで衣服を着替え、その日の作業指示を受け、体操もしておもむろに作業現地へ行く。これらがすべて勤務時間の中なのである。それだけではなく、昼食は必ず支区に帰ってとるという慣行もあった。これでは移動のために多くの時間を取られて、実際に線路の保守作業をする時間はわずかなものになってしまう。それだけではない。給料日には仕事をしないという暗黙のルールがある現場も珍しくなかった。

国鉄民営化の数年前からこうした悪慣行の是正に取り組んではいたが、完全になくなるところまではいっていなかった。恥ずかしながらこれが国鉄の実情であった。こうした悪慣行を要求し、奨励してきた労働組合が国鉄改革に反対し、一部のジャーナリズムと手を組んで「国鉄を民営化すると安全性が犠牲になる」と叫んでいたのであった。

もちろん、こうした状態を招いたのには経営側にも大きな責任がある。特に70年代に「マル生運動」という大きな労使対決に経営側が敗れて以来、一方的に組合に押しまくられる状態が続いた。それと並行して財政は急速に悪化していたので、どうしても各部門で外注化などの合理化を進めざるを得ない。これに対して組合は強力に反対しストライキを構える。合理化だけではない。時刻改正の際にも「組合は時刻改正に協力してやるから、何か出せ」というのが常に組合の言い分だった。無茶苦茶な論理だと思うのだが。それに対して組合からの不当な要求には当然拒否をする。すると法律で禁止されているストライキを計画する。それに対してマスメディア等は「労使でよく話し合って妥協点を見いだし、乗客に迷惑をかけるストライキの回避に努力しろ」というきわめて安易な論陣を張る。

話し合えば企業として常識的な答えが出る相手であれば苦労はない。無茶苦茶な要求と極端な勤務の緩和を求めてくる。その結果、組合の要求する勤務緩和などを一部受け入れざるを得なくなり、それが長年の間に積もり積もってこうしたひどい職場の状況になったのだった。特に、70年代に、それまでは現場では労使交渉をしないことになっていたのに、現場でも労使協議をすることを認めてから、こうした現場での悪慣行がひどくなったと思う。現場での悪慣行の多くはこの「現場協議制」から生まれた。こうしたことがまかり通ったのも、国有鉄道という親方日の丸組織だからであったと言わざるを得ない。民間企業ならば、倒産という生産性低下に対する最後の歯止めがあるが、国鉄にはそれがなかった。

新しく発足したＪＲ東日本にとって、安全を確保するためにひどい設備の状態を改善することは急務で、最初の2～3年間は、現場から「もう使いきれない」という悲鳴があがるほどの修繕費を投入した。こうしたこともあって、初年度1年間の経常利益は、結局、ビックリした4月の1カ月分より少なくなった。当然といえば当然の結果だった。

遅ればせながら情報システムを開発

月次決算の件で叱責されて間もなく、私は、山下会長に呼ばれ「情報システムはどうなっているんだ。きちんと毎月の収入や経費を把握するシステムはないのか。駅での毎日の売り上げはどうやって計上しているんだ」という厳しいご質問を受けた。残念ながらそうしたシステムはまったくできていなかった。駅の毎日の売り上げは人間の手でそろばんで集計していた。山下会長はOA化に熱心で、三井造船におられた頃にすでにソフトウェアの子会社を育て上げ、日本OA協会（現ＩＴ協会）の会長もされていた。ＪＲ東日本のこのありさまにあきれるのも無理はなかった。

国鉄は情報化に不熱心だったわけではない。むしろ、かつては日本のコンピュータ技術のリーダーだった時代もあった。57年に日本が初めてアメリカから輸入した2台のコンピュータのうち、1台は国鉄の鉄道技術研究所に入り、新幹線の計画などにも使われた。そして60年にはエレクトロニクス時代の到来を見越して、総裁直属の「電子技術調査委員会」を設置し、国鉄の各分野に将来どのようにエレクトロニクス技術を利用できるかの検討を行っている。その報告書は実に5000ページにも及び、自動運転の可能性、新しい安全システム、車両の新しい制御方式、工事計画の作成など国鉄の各分野でのエレクトロニクス利用の可能性を探り、その多くは新幹線の建設の際に実際に利用されている。

同年に使用開始した座席予約システム「MARS」は、日本最初のオンライン・リアルタイム情報処理システムであった。その後、72年には新幹線の運行をコンピュータで制御する、当時としては最先端の巨大システムだった「COMTRAC」を導入している。その他、資材管理システム、各種統計データの計算システムなども持っていた。

ところが、こうした巨大システムには強かったものの、日常の現場の仕事のための情報システムや、経営という観点での情報システムには欠けていたと言わざるを得ない。オフィス・コンピュータが生まれた頃、国鉄でも現場にこうしたコンピュータを導入してはいた。しかしそれは本当のニーズに基づいたというより、各部局がリーダーシップを取ろうとして、競って入れた感が強く、いわばセクショナリズムの産物で、実際に現場で十分に利用されていたとはとうてい言い難かった。

そこで、直ちにOA化推進委員会を設置した。総合経営情報システムとして最初に取り上げたのは、次の三つのシステムの開発だった。

——経費把握システム

——駅収入管理システム

——輸送総合システム

最初の二つは山下会長の指示に対するものだったが、三つ目のシステムについては若干説明をする必要があるだろうし、国鉄の情報化の遅れを象徴するようなシステムでもあった。

鉄道の業務の根幹は、言うまでもなく毎日の列車を安全で正確に走らせることにある。それには膨大な情報システムが必要になる。まず、時刻改正のたびに新しい列車ダイヤを駅だけでなく、運転士、車掌、車両や地上設備の保守管理をしている現場に正確に伝えておかなければならない。それだけでなく、運転士と車掌など乗務員の勤務行路、車両の運用計画、線路や電気設備の保守作業をしても差し支えのない時間帯の予定などもあらかじめ各現場に知らせておく必要がある。

しかし、こうした時刻改正の際に定めた基本ダイヤには、毎日多くの変更がある。臨時列車の運転、工事などのための時刻変更、車両の運用の変更などだ。それを事前に正確に関係する現場に伝えておく必要がある。そうでないと、来るはずの列車が来なかったり、停まるべき駅を通過してしまったり、交代の乗務員がいないなどのトラブルが起きる。さらに線路の保守作業を行う予定だった時間帯に臨時列車を走らせる情報が伝わっていないと、保守作業をしていた人たちの命を奪いかねない。事実、稀ではあるがそうした事故が起きていた。

こうした膨大な情報を、国鉄時代はどうやって多くの現場に伝えていたのか。実は、すべてを紙に頼っていたと言っても差し支えない。

国鉄時代、全国の鉄道管理局は毎日『運転報』と呼ぶ印刷物を発行して、こうした変更計画を各現場に事前に伝えていた。この『運転報』は通常でも数十枚、時刻改正や、夏と年末の臨時列車計画の際などには数百枚にもなる。私の手元に1984年10月10日の東京北鉄道管理局の『運転報』と東京3局共通『運転報』があるが、合わせて実に544ページにも達する。各現場ではこの膨大な資料の中から自分の現場に関係する部分だけを抜き出して、『駅報』という印刷物を作り、全員に配布する。万一見落としがあってはいけないので、3人の助役さんがそれぞれ独立してこの『運転報』の確認を行い、それを付き合わせることによってミスを防いでいた。

国鉄には全国に1万カ所以上の現場があった。その全現場でこうした作業が365日行われていたのである。

私も国鉄入社早々に試しにやってみたことがあるが、実に大変な作業だった。膨大な資料の中に、自分の現場に関係する情報はわずかしかない。それを目を皿のようにして見落とさないようにする。一見関係のないような情報の中にも、実は必要な情報が隠れていることがある。線路の保守作業などは駅には関係がないように見えるが、それが自分の駅の中ならば当然チェックしておかねばならないし、保守作業のための架線の停電にも気をつけておく必要がある。さらに、車掌のように長距離を乗務する現場では、自分の所属する管理局だけではなく乗務区間にある他の管理局の『運転報』にも目を通さなければならない。臨時停車や時刻変更、到着線の変更などの可能性があるからである。

こうした膨大な作業が毎日ほとんど人間の注意力だけに頼って、100年以上もの間続けられ、それでもほとんど間違いなく正確に列車が運行されていたことに、むしろ驚嘆せざるを得ない。そのための労力と苦労は、はかりしれない。

この頃、住田社長の指示で、日本能率協会にJR東日本の現場の仕事の能率度合いの診断をお願いしたところ、この『運転報』の抜粋と駅での人手による売り上げの計上を見て「日本にまだこんな会社があると知ってびっくりしました。現場のことをとやかく言う前に、こんな仕事のやり方をそのままにしている経営側のほうが問題だ」。さらに「ここまで社員を訓練したことには敬意を表しますが、今時これはないでしょう」とも言われた。

こうした大変な作業を情報システムで処理しようという試みはあった。68年頃にスタートした「OPERUN」システム計画である。このシステムは、膨大な情報をコンピュータで整理して、各々の現場にとって必要な情報だけを抜き出して各現場に伝達しようというものだった。これが実現すれば現場での苦労はなくなり大変楽になる画期的なシステムだった。しかしこのシステムはうまくいかず、完全な失敗に終わった。私はこのプロジェクトにはまったく関係していなかったので、うまくいかなかった原因を正確には把握していないが、情報が膨大すぎて当時のコンピュータでは情報の処理にあまりにも時間がかかりすぎたのと、ソフトウェアのバグが多すぎたためだと聞いている。以来、この種の情報システムへの挑戦は一種のタブーになっていた。

そこでこの際再びこのシステムに挑戦しようというのが、輸送総合システムだった。輸送計画は、まず列車ダイヤを作ることから始まる。列車ダイヤをコンピュータで作れるようにしようという試みは「OPERUN」の失敗の後も続けていたが、すべてうまくいかなかった。列車ダイヤには列車の接続、車両の運用、駅の中での入れ替え作業などコンピュータだけでは判断できない要素が多すぎるからだ。そこで輸送総合システムの開発では、上流にあたるこの部分は後回しにして、まず現場にとって最もありがたい列車ダイヤをはじめ各種計画の変更情報を、各現場に必要な情報だけ自動的に選択し知ることのできる機能を真っ先に実現することにした。

最初の段階では列車ダイヤや、その情報の変更入力は人手でもかまわないと考えた。それでも、その開発には大変難航したが、90年にまず千葉支社で試行に入り、94年には全社にこのシステムが普及した。最終的には2007年9月に、紙による運転情報は一切なくなった。小規模の鉄道会社は別として、おそらく世界最初に実現したシステムだと思う。世界に誇れる大変な技術で、その実現のために40年近くもの歳月をかけたのだ。これによって現場の負担が大きく減った効果はきわめて大きい。鉄道の情報技術の革命とも呼べる技術なのである。

総合経営情報システムの導入に要した費用は約６００億円。その後、旅行業システム、ビューカードシステム、工事積算システム、各種設備管理システムなど新しい情報システムの開発が続き、現在では、こうしたシステムの数は１００近くにもなる。

何の情報装置もなかった、首都圏の列車運行指令センター

丸の内の東京駅前のビルに、首都圏の主要線区の列車の運行を管理する総合指令センターがあった。しかしJR東日本が発足した時には、この指令センターにはまったくと言っていいほど情報装置がなかった。

そう聞くと驚かれるかもしれない。いや、正確に言うと、電話はあった。そしてわずかに山手線と京浜東北線だけには、小さな円形の列車位置表示板があった。ただそれは、電車の走っている位置を小さなランプで示しているだけで、その電車の列車番号の表示もなかった。その他の東海道線、東北線、中央線、常磐線などには電話以外何もなかった。本当の話である。

首都圏に走っている膨大な数の電車の運行には、ほとんど毎日のように何かのトラブルが起きる。混雑による遅れ、病人の発生、人身事故、車両故障や信号装置の故障など。そのたびに、指令員は電車の運行を変更したり、必要な場合には早く正常なダイヤに戻したりするために、一部の電車を運休しなければならないこともある。またこうした情報を直ちに各駅や乗務員に伝えな

ければならない。その運行管理センターに電車の運行状況を知らせる情報装置がまったくなかったのだ。

従って、電車に遅れが出ると、まずその駅から電話で連絡が入る。すると、指令員はまず状況を確かめ、必要な場合には後続の電車を手前の駅でストップさせたり、電車の運行順序を変更したりしなければならない。そうした指示もすべて電話だけが頼り。もしも信号装置故障などで、電車の運行再開までに時間がかかりそうな場合には、後続の電車が駅と駅の間に停まると大混乱が起きる心配があるので、直ちに各駅に一斉に電車を停める指示を出す。「一斉抑止」と呼んでいた。情報の収集とこうした指示をすべて電話だけでやらなければならないので、手助けのために他の仕事についていた社員も飛んでくる。指令室には大声が飛び交い、時にはメガフォンも使っていた。

私は66年から2年間、当時の国鉄東京鉄道管理局の運転部電車課長を務めたことがある。電車課長は毎朝、当直の指令員から前日の運行状況や起きた主な事故やトラブルの報告を受ける。指令員が大きな列車ダイヤの紙を持ち、私の前に来て直立不動の姿勢で「昨日の運転状況を報告いたします」と言って列車ダイヤを広げる。私もきちんと立って報告を受ける。列車の運行を変更すると、その部分には赤鉛筆で変更したダイヤが書いてある。時にはダイヤが全面的に真っ赤になっているという日もあった。そうした日には、指令員はおそらく一睡もしていない。「本日は特に報告することはありません」という日は1年に1〜2日くらいあっただろうか。そうした日には勤務終了後、一同で祝杯を上げたものだった。

新幹線の指令センターはそうではなかった。そこには開業当初から全列車の運行状況を示す巨大な列車位置表示板があって、列車の運行状況は一目でわかるようになっていた。各列車の位置だけでなく列車番号も示されている。もっとも、開業した当初は指令センターにはコンピュータはまったくなく、車上に積んである列車選別装置を「ひかり」か「こだま」にセットしておくと、駅の手前にある地上の装置が列車の種別の情報を読み取り、プラットホームのある線に進入させるか、通過線を通すかを判断して、分岐器を操作させていた。列車の運行変更などの手配はすべて指令員の判断によっていた。しかし72年に山陽新幹線が開業すると、列車の停車駅の種類が複雑になって、この方法では対応できなくなり、その頃には大型コンピュータの技術も飛躍的に進歩していたため、「ＣＯＭＴＲＡＣ」と呼ぶ大型コンピュータシステムを導入した。これにより、コンピュータが一本々々の列車のダイヤを記憶しておいて、各列車の停車駅を判断し、駅の分岐器を操作できるようにした。

そして、そういったシステムがあったのは、新幹線だけではなかった。地方のローカル線の多くの路線にも同じような列車位置表示板があって、この中央制御センターから、各駅の分岐器と信号を遠方制御していた。この装置のことを「ＣＴＣ」（中央列車制御装置）と呼んでいた。ＣＴＣの歴史は古く、１９２９年に名古屋鉄道の小牧線が日本では最初に採用している。従って、こうしたシステムの有無は、前述した『運転報』の話とは違って、技術の問題ではなくお金の問題だった。東海道新幹線も、開業間近になって工事費が大幅に不足し、「CTCはなくても良いのではないか」という議論もあったようだが、さすがに世界最初の超高速鉄道にはCTCが完備していた。

ところが首都圏の主要路線には、比較的新しく開通した武蔵野線を例外として、CTCがなかったのである。なぜ、ローカル線にあって、首都圏の主要線区にはなかったのか。

ローカル線のほとんどは単線である。単線区間には各駅に列車の行き違いのための列車が発着する本線が2本以上あって、そこには分岐器があり、列車が通るたびに分岐器と信号装置を操作しなければならない。こうした作業は、かつては各駅の駅員が担当していた。CTCを導入して遠隔制御すればこうした駅員は不要になり、駅の無人化も可能になる。従って、乗客の少ないローカル線のCTCの設備の整備は進んだのだ。ところが首都圏の主要線区は、ほとんどすべて複線もしくは、複々線である。こうした線区にCTCを設備するためには巨額の設備投資が必要になるが、無人駅とするわけにはいかないので人員合理化の効果はほとんど期待できない。だから首都圏の指令センターには電話しかないのだった。

国鉄時代、ぜひ首都圏にCTCを入れたいと思っていた。何度か導入するように努力したのだが、投資効果のなさを理由に、決して採用されなかった。同じような線区を持つ民鉄各社には、早くから新幹線に劣らない立派なCTCが設備してあった。そういう経営判断も現実にあったのだが、国鉄では不可能だった。投資効果だけで設備投資の判断をし、そこには、指令員や駅員の

大型の列車位置表示板があった旧東京指令室

苦労に対する思いやりなどまったくなかった。現場の実情を知らない官僚的な体質の典型だったと言わざるを得ない。

ＪＲ東日本が発足して、一日でも早くこうした状態を改善したかった。民営化したおかげで、意思決定は格段に早くなった。特に、新しい技術に興味を示し民間企業の経営の本質を理解されている山下会長の存在が大きかったと思う。こうした無言のバックアップがあったことは貴重だった。視野の狭い官僚的な抵抗は口を挟めない雰囲気が、すでにでき上がっていた。直ちに首都圏の列車運行管理システムを導入することに決めた。

しかし今さら、古い技術のＣＴＣなど入れたくない。ちょうどその頃、コンピュータの世界に大きな技術の変革が起きていた。マイクロプロセッサー技術の飛躍的な進歩により、大型コンピュータを使わなくてもかなりの情報処理が可能になっていた。新幹線のＣＯＭＴＲＡＣなど従来のシステムは、中央にある大型コンピュータ

現東京総合指令室（ATOS）

にすべての情報を集めて処理をし、その結果を多くの端末装置に送る。座席予約装置も同じ構成になっていた。しかし新しい技術では、各駅に小さなコンピュータを置いてその駅の列車ダイヤを記録させておけば、いちいち中央装置から情報を送らなくても、自律して列車の進路や信号機の制御をすることができる。ダイヤが変わった場合や列車運行の乱れた場合だけ急遽中央のサーバから必要な変更情報を送ればよい。中央にあるサーバーを中心に、自律した小さなコンピュータをネットワークとして構成するので、こうしたシステムを「自律分散制御システム」と呼ぶ。

新しい首都圏の列車制御システムにはこの最新技術を採用することに決めた。まずどの線から手をつけるか。私はあえて中央線を選んだ。近距離電車だけでなく、特急列車、貨物列車なども走っている最も列車運行が複雑なこの線が、一番こうしたシステムを必要としているだけでなく、最も難しい線から実現しておけば後は楽だと考えたからである。96年にこの新しいシステムは完成し、「ATOS」システムと名付けた。「Autonomous Decentralized Transport Operation Control System」。一字スペルが違うが、ギリシャ正教の聖地Athos山にちなんだ名前だった。

このシステムの使用開始にあたって最も心配したのは、駅長たちの反応だった。それまでは、新宿などの大きな駅は独自の信号扱い所を持っていて、駅の判断である程度自由に列車の順序を変えたり、作業を変更したりすることができた。それが今度はすべて中央制御になるので不満を抱くのではないかと思ったのだ。だが、さっそく新宿駅長を訪ね「ATOSはどう？」と尋ねると「あれは良いですね」という返事が返ってきて、ほっとした覚えがある。駅にとって、列車の運行情報が的確にわかるということは、何よりもありがたいことだったのだ。その後大宮駅でも「早くATOSを入れてください」と言われたことがある。現場が歓迎してくれるものは、うまくいく。今では首都圏のほとんどすべての線がATOSシステムを持つようになった。また中央の指令センターにある大型の列車位置表示板は廃止して、小さなディスプレイだけに替え、いろいろな情報が出せるようにした。もう、そういう時代なのである。

最初のうちは「旧来の大型の列車位置表示板がぜひほしい」という列車指令員からの強い要望があったのだが、断固無視した。新しい設備の方が良いはずだし、それで十分に列車を良く制御することが可能だと確信していたし、あえて退路を断って新しい設備に馴染ませてやろうという思いからでもあった。試験的な使用が始まったばかりの頃、東京の指令センターを訪れた際に、指令員の指導的な立場にある人から非難めいた目で見られた記憶がある。だが、テストが進むうちに、その表情は真剣で親しみのあるものに変わった。第一線の指令員たちが、使い慣れたシステムに愛着と信頼を抱く気持ちは良くわかる。だが、それを漫然と受け入れていては、進歩が止まることもある。それは現場重視とは違う次元の問題で、こうした際にはリーダーが変革を決意しなければならない場合もあるのではないかと思う。

スタートした時には何の情報システムもなかったJR東日本は、今では、世界最大の自律分散制御システムを持つ巨大な情報システム企業となった。この新しいシステムの導入により、列車の遅延は約半分になった。

ATOSより1年早く、新幹線のCOMTRACシステムを新しいシステム「COSMOS」に取り換えたのだが、そこですでに、旧式の大型の列車位置表示板を廃止して小型ディスプレイに変えていた。この時にも指令員からの強い反対があったのだが、あえて変えた。今では、指令員の前に小型のディスプレイが3台並んでいて、列車の位置だけでなく、実際の列車ダイヤをグラフで表示し、列車が1分以上遅れると、その列車ダイヤの線が緑から赤色に変わり、その線をクリックすると遅れ時間を表示することができる。さらにその後の列車の運行状況を予測することもできるようになっている。

列車無線の整備

航空機の安全飛行には、無線による交信が欠かせない。特に航空機と地上の管制センターとの交信は、航空機の生命線と言っていい。タクシーにも国鉄の民営化のはるか前から無線がついていた。それでは国鉄の列車はどうだったか。国鉄の末期まで、新幹線を別にすると列車にはほとんど無線はついていなかった。運転士は駅に到着した時にコントロールセンターからの指示や情報を駅員から受け取り、必要な情報を伝えてもらっていた。特急など、なかなか駅に停車しない列車は、緊急時には砂袋にメモを入れて、通過する駅でそれを投げ捨てて情報を伝えることすらあった。これが民営化直前の国鉄の情報系の実態だった。

なぜ、無線もつけられなかったのか。ここでも指令設備と同じ問題が背景にあった。投資効果論の壁である。2万キロの路線を持っていた国鉄に列車無線を取りつけようとすると当然のことながら、膨大な費用がかかる。それに対して、「何か具体的な経費削減効果は?」と言われても回答するのは難しい。従って、国鉄の列車のほとんどには無線はついていなかった。

62年に、常磐線の三河島駅で160人の犠牲者が出る大事故が起きた。この時、反対方向から走ってくる列車をすぐに停車させることができなかったことが惨事を大きくした。この大事故の後、直ちに常磐線の電車には列車無線を取りつけ、即時に反対方向から来る列車に危険を知らせる「防護無線」も取りつけた。その後、民鉄各社はこうした無線を整備したが、国鉄は他の線区にこれを拡大しようとはしなかった。それどころか、次第に老朽化していく常磐線の列車無線の更新費用すら、経理部門は認めようとはしなかった。多くの場合、投資に見合う効果がないというのがその理由であった。

国鉄再建検討委員会が真剣に国鉄の抜本的な改革の検討に入りだした時期、国鉄のあまりにもひどい職場の状況を改善することと、人員の合理化を進めて、生産性を上げることが必要なことは誰の目から見ても明らかだった。マスメディアも労働運動庇護の論調から一転して、ヤミ手当、あまりにもひどい勤務態度への批判などを大きく報道するようになった。国鉄再建委員会での議論は単にこうした具体的な対策だけでなく、もっと踏み込んで、国鉄の組織そのものを抜本的に変革しなければならないという方向に進み、国鉄を民営化し、いくつかの企業に分割するという案が早い段階から話題に上がっていた。

これに対して、国鉄は企業の分割だけはなんとか阻止したいために、まず国鉄の現状の組織でも十分に合理化や職場秩序の立て直しはできることを示さなければならなかった。そこで、労働組合と対決してでも職場秩序を立て直す運動に乗り出すと同時に、大規模な合理化に乗り出した。特に、赤字のひどい貨物部門の合理化が急務だった。

国鉄は78年と80年に大規模な貨物列車の削減のためのダイヤ改正を実施した。その時に、合理化のための事前協議として列車ダイヤの内容についても、労働組合と協議することになった。80

年のダイヤ改正の際には運転士の勤務制度を根本的に改正し、大規模な合理化を提案したので、最後の折衝の際には、断続的に開かれる労働組合との交渉と、それに対する回答の検討のために、三日三晩、椅子に座ったままで、横になることもできなかった思い出がある。

その後、国鉄の列車無線を整備する絶好の機会が訪れた。

当時まだ貨物列車には、最後部に緩急車という車掌を乗せる車を連結していた。機関士一人だけでは万一事故があったり、機関士が病気になったりした時に緊急の手配や連絡をすることができない。従って列車の最後部に緩急車という車両を連結し、列車掛と呼ぶ車掌を乗せて、緊急事態が起きた時の連絡と後続する列車を停める任務を持たせていた。しかし緊急事態というのは理論的にはありうるが、実際にはまず起きない。従ってこの列車掛は普段はほとんど何もすることがない。ただ列車に乗っているだけ。これほど非生産的な勤務はないし、本人にとってもまったくやり甲斐のない仕事だった。列車掛を廃止することは長年の課題だったが、労働組合の激しい抵抗が予想されることと、安全上の論理構成に若干難しい点があって、実現できずにいた。

この問題をなんとか乗り越えたい。国鉄の民営化が決まり、組合の合理化に対する抵抗も弱くなった時期を狙って、列車無線の整備によって列車掛がいなくても安全は十分に保てるという論陣を張り、列車掛の廃止と、長年の夢だった列車無線の整備を労働組合に提案した。この時にはもう経理部門からの反対はなかった。事態はそれどころではない状態になっていたのである。当然のことながら労働組合のかなり激しい抵抗に遭った。

この交渉に入る前に、労働組合の幹部と交渉ではなく、やや打ち解けて話をする機会があった時に、組合の左派系の幹部が「局長よ、よもや列車掛の廃止には手をつけないだろうな」と言うので「やるよ」と答えたところ、一瞬唖然《あぜん》とした顔をして、そのまま黙ってしまった。以前なら大騒ぎになったことだろう。しかしもうその頃には労働組合も一時の力はなくなっていたし、国鉄改革という大問題を前にして、いつまでも抵抗ばかりしているわけにはいかない。労働組合は国鉄幹部以上に国鉄の分割民営化は阻止したかったのだった。

この問題は2段階に分けて提案した。まず列車掛の乗る緩急車を廃止し、次いで列車掛そのものを廃止した。ややショックを和らげる作戦を取ったのである。国鉄改革の2~3年前にやっと列車無線を実現することができた。アメリカの鉄道でも、ヨーロッパでも、旧ソ連を含めて貨物列車にはかなり前から車掌はいなくなり、列車無線がついていた。この点では日本は最後進国であったと言っていい。労働組合と経理部門がそのための大きな壁であった。

JR東日本が発足した時には、まだまだ完成していた線区は少なかったし、計画自体も非常に小規模で不十分なものだった。そこで急遽、主要線区の列車無線整備計画を作り、整備を進めた。タクシーより10年以上も遅れて、電車の運転士もようやくコントロールセンターと直接通話ができるようになったのだった。

国鉄の経理部門を一方的に非難するのは本意ではない。国鉄の末期には膨大な赤字のもとに予算を確保するためには大変な努力が必要だった。それがこうした厳しい判断になったのだろう。

しかしその一方で、毎年1兆円もの巨額の設備投資を続けていたのも事実である。その多くは、新幹線の建設をはじめとする政治利権につながる投資に向けられた。巨額の投資が国鉄の政治力を生み、その政治力を利用して赤字経営を維持し、そしてその投資がまた負債を膨らませるという悪循環に入っていたのである。そのなかで、衰退の一途をたどる貨物輸送には巨額の投資が続けられていた。情報システムの近代化のための投資が予算面でまったく不可能であったとは思いにくい。現場の努力の上にあぐらをかいていて、情報システム近代化の必要性に対する理解力がなかったと思わざるを得ない。

技術部門にも責任がある。技術のトップマネジメントがまったく何もしなかったわけではない。77年頃に、国鉄の常務理事になられた尾関雅則《おぜきまさのり》氏は情報システムの整備を強く主張し、また推進もされた。快速貨物情報システム（FOCS）、ヤード自動化システム（YACS）、コンテナ情報システム（EPOCS）、フレートターミナル情報システム（FIS）などである。この方は、かつて座席予約システム（MARS）開発の際のリーダーであり、国鉄の情報システム部門の第一人者であっただけでなく、日本の情報システム分野での重鎮でもあった。尾関さんは列車無線についてもその重要性を強く主張され、それによって貨物列車の車掌を廃止できると主張された。

しかし当時の労使関係では、それは非常にやっかいな労使交渉になることが予想できた。そのため、列車無線の整備は事務方によって黙殺されてしまった。当時の貨物部門の有力幹部が私に「尾関はけしからん。われわれの努力を土台にして、自分の天下り先を作ろうとしている」と言った。当然この問題が労使交渉に取り上げられるとこの幹部も、交渉の際に厳しい矢面に立たされる。この意見は完全な誤解だとは思ったが、この幹部は抜群ともいえる実力者であり、反論することはできなかった。自分自身もやや逃げ腰だったことも否定できない。この問題は私も重要な当事者の一人だった。その後、何人も技術部門のトップにあたる常務理事が就任したが、誰一人としてこの問題に手をつけないどころか、関心すら示さなかった。情けない思いすら抱いた。

技術が進歩し、社会を構成するシステムのレベルが上がってくると、単なる投資効果計算だけでは判断できない投資も必要となる。いま、企業にはパソコンやインターネットが不可欠なものになっているが、これは投資効果計算の結果として導入したものではなく、時代がそれを要請したからである。列車運行制御システム、列車無線、それにATCや国鉄よりもはるかに性能の良いATSなどは、国鉄改革の時期にはもう主要な民鉄各社にはとっくに導入されており、国鉄改革の頃には全線に設備するのは不可能だとしても、主要幹線や大都市交通線などにはすでに必要不可欠な設備になっていたと思うのだが、実現できなかった。

もちろん、投資の意思決定に際しては、その投資が生み出す経営上の効果が判断の大きな基準となることに異論はないが、安全対策や情報システムなどを導入する際には、単純な投資効果論だけでは判断できない。それだけではなくのちに実現する自動改札やSuicaなども、単純な投資効果判断では実現が難しかった。もし仮に単純な投資効果論のために実現していなかったら、JR東日本は新しい事業の発展への大きな機会を失っていた可能性があった。こうした判断は多くの場合、トップマネジメントではなく、ミドルマネジメントの段階で潰されることが多い。まだ人生経験が浅く、企業経営の本質までの深い見識のないミドルマネジメントの価値観が、企業経営を左右する決定を行うようになるのは非常に危険だと思う。

ＪＲ東日本の広報誌『ＪＲ　ＥＡＳＴ』２００７年７月号の中で、医療科学研究所長をなさっている嶋口充輝《しまぐちみつあき》先生は「投資発想」が必要だと指摘され、次のように述べている。「『コスト発想』は、投資額に対してどれくらいの収入を得たかを計算して、黒字か赤字かで事業を判断するやり方です。要するに、小さなそろばんを弾くようなことです。これに対して『投資発想』は、将来のリターンを期待して大きなそろばんを弾く、戦略的な発想です」

受け身の安全対策から攻めの安全対策へ

新しく民営企業として発足したＪＲ東日本にとって何が最も重要かといえば、それは安全対策だ。国有企業ならばともかく、民営化した企業にとって大事故は命取りになる。ところがＪＲ東日本が発足した当時は反対に、悪意に満ちたキャンペーンが繰り広げられていた。「民営化すると利益優先に走って安全対策がおろそかになる」「若葉マークの新人の運転士が増えて危険がいっぱい」「急激な合理化によって安全が犠牲になる」、国鉄改革に反対する人々や一部分の識者が、こうした論を唱えていた。安全問題を国鉄民営化反対の有力な武器にしようと考えたのだろう。

事実はまったく反対で、国鉄時代の労働運動こそが安全の最大の障害だった。「管理体制強化反対」のスローガンのもとに、教育や訓練を拒否し、勤務評価に反対していい加減な勤務態度を称揚し、常に合理化反対のスローガンを掲げて勤務密度は極度に低下していた。

例を挙げてみよう。国鉄時代には、新幹線の運転士の勤務はその大部分が1日に東京から大阪までの片道で終わり。1日に往復する乗務もあったが、この勤務のことを「トンボ」と呼んでいた。「トンボ帰り」をもじった社内の俗語だった。この「トンボ」をなくすことをダイヤ改正のたびに組合がしつこく要求してきて、われわれは必死になって死守したのだが、最後には多くの乗務行路のうち数行路にまで減っていた。当時は東海道新幹線の運転士は2人乗務だったので、2人で3時間、実働1日1時間半というありさまだった。私が国鉄の運転局長をしていた頃に、国鉄監理委員会に呼ばれて、当時の住田委員（JR東日本初代社長）からこの点を突かれて返答に窮した思い出がある。こうした要求を多少なりとも受け入れないとダイヤ改正を拒否してストライキを構えるというのが、当時の国鉄の労働運動だった。

もっとひどい例としては同じ頃に、北海道札幌市にある苗穂機関区で夜中に勤務中の車両修理担当の職員4人が札幌の歓楽街「すすきの」へ酒を飲みに行き、帰りに酔っ払い運転で電柱に激突して死亡するという事件があった。私は急遽、現地を訪れ問題の職員の勤務内容を調べてみると、作業ダイヤと呼ぶ勤務予定表には一応は種々の作業の予定が入ってはいたのだが、詳細に問い詰めると、その多くは実態のない作業で、現実の作業があるのはなんと24時間勤務中にわずか

4時間だけ。従って、余った時間に十分「すすきの」まで酒を飲みに行く時間があったのだ。管理者も見て見ぬふりをしていたのだろう。労働組合の要求にここまで譲歩した経営側も問題だが、国有企業だからこそできたことであった。

現在でも、JR発足後の急激な合理化が事故の原因だと解説される識者を見かける。これまでにかなりの合理化を実施したのは事実だ。JR東日本が発足した当初は鉄道部門の社員は7万2000人だったが、JR東日本が発足して間もなく、鉄道事業本部の会議で私から「鉄道事業に携わる社員は5万人にしろ」という指示を出した。その時に人事部長から「そんな無茶な」と言われた覚えがある。ところが現在鉄道事業部門で働いている社員は4万7000人、この指示は実現したのである。しかし、今なお一般の民間企業と比較して決して労働生産性が高いとは言えないのが現実である。JR発足当時、トヨタでは「乾いたタオルを絞れ」と言われていたが、私は社内で「当社はまだタオルが湯船に浮いている。持ち上げるだけで滴《しずく》が垂れる」と言っていた。

山手線の運転士を例に取ると、国鉄時代には1日に3周運転する程度の勤務であった。勤務時間の中には実際の乗務だけでなく、準備、点呼などいろいろな勤務時間もあるが、山手線を1周する時間は約1時間なので、運転士が実際に電車の運転をするのは1日にたった3時間だけ。それをようやく国鉄の末期に4時間近くにまでしていた。そのための労働組合との交渉には私があたっていたのだったが、本当に大変だった。JR東日本が発足して間もなく、住田社長からこの点をさらに改善せよとの命令があった。正直なところ過去の経験からかなり大変だと思ったのだが、社長の命令はいかんともし難い。直ちに労働組合と交渉に入り、何とかある程度の合理化を実現できた。JRで東日本が最初にこの合理化を実施したので、他の会社から驚きの声があがったという記憶がある。それでも現在のところ、運転士の1日の平均乗務時間は4時間余程度である。長距離トラックの運転手のひどい勤務状況は論外としても、バスやタクシーの乗務員の勤務と比較してどうだろうか。決して過酷な労働強化を行ったわけではなく、以前が極端に楽すぎる労働者天国だっただけのことなのだ。

このような現実を背景に、JR東日本の発足当時の安全体制には問題が山積していた。

まず、国鉄時代には職員の勤務評価、職場の配置換え、日常の教育訓練がほとんどといってよいほど労働組合の反対で実施できずにいた。運転士には毎月2時間の訓練時間を勤務の中に定めてあったのだが、それすら現実には実施できない職場が少なくなかった。態度の悪い職員を窓口から外せない、指差喚呼によって信号の確認などをきちんとやらない運転士も乗務を継続させねばならない、無断欠勤もやり放題に近かった。こうした点については国鉄改革の際にきちんとした制度を新しく作ってあったが、実際の実施はこれからだった。従ってサービスの第一線である車掌や駅の窓口の社員、安全に直結する運転士などは、適材適所の人事異動を行った。

教育訓練は当初大宮と仙台にある研修センターで、運転士などには定期的に本格的な訓練を実施することとし、シミュレータを多数導入した。安全のためにはあたり前のことなのだが、国鉄時代には、組合の反対で長年実施できずにいた。こうしたことができるようになったのは私が国鉄に入社して以来初めてで、本当に夢がかなったような思いをしたものだった。その後、教育訓練にとりわけ熱心な松田社長（当時）の指示で福島県の白河に本格的な研修センターが生まれた。そこにはまず事故の歴史展示館があって、コンピュータグラフィックスにより62年の三河島事故を詳細に再現するなど、国鉄時代を含めた大きな事故を解説・展示している。安全こそ当社の最重要課題であると全社員に思ってもらう原点と言ってもいいだろう。

現場だけでなく、本社の安全に対する組織と考え方にも大きな問題があった。

まず、安全を全体として所管する部門がなかった。私が長年勤務していた運転局に、保安課という安全を担当する部門があったが、この一つの小さな課が国鉄全体の安全を取り仕切っていた。この課には事故、法規、保安設備という三つのグループがあり、事故担当の一人は24時間勤務で、毎日全国で起きる事故の報告を受ける。法規担当というのは安全の基本となる列車の運転にかかわる規則の管理を担当している。毎日のように起きるいろいろなトラブルの際に、運転作業が適切なものか、何が問題かを判断する重要な部門で、長い経験と知識のあるプロでなければ務まらない分野である。保安設備も重要な部門で、信号設備の改良やＡＴＳの導入など安全の基本となる設備の計画を担当している。ただ、このグループには予算がなく、実際に予算を持っていて工事の計画と実施をするのは電気局の信号課の担当となる。

従って、毎日起きる事故の情報の把握と安全の基本となる法規を決定する機能はあったが、肝心の、事故に対する具体的な対策や安全の戦略を作ることはできなかった。こと具体的な対策となると、運転士、線路、電力設備、信号設備、建設工事を担当する部門が実権を持っていて、具体的な対策を作っていた。これでは、安全を担当する部門としての機能はないに等しいと言ってもいいのだ。

そのため、上部組織として「運転事故防止対策委員会」という会議があり、運転局保安課がその事務局となっていた。その意味では保安課が国鉄の安全の責任部門に位置していたことは間違いないのだが、セクショナリズムの跋扈《ばっこ》する国鉄の中では、しょせんできることは限られていたのだった。63年の鶴見事故の後に総合的な安全組織を作ろうという動きがあったが、運転局が猛烈に反対してとりやめになった。保安課がなくなると運転局自体の存続も危うくなるという懸念からだった。当時、私もこの部門にいたのだが、セクショナリズム以外の何ものでもなかったと言っても差し支えないだろう。それが国鉄の組織文化でもあった。

ところで、その「運転事故防止対策委員会」だが、56年に犠牲者40人を出した参宮線六軒駅（三重県）構内での脱線衝突事故の後に設置し、62年の死者１６０人を出す常磐線三河島駅での大事故を受けて内容を強化し、総裁自らが委員長に、国鉄本社の全局長が委員となり、安全問題については国鉄の最高の意思決定機関である理事会と同等の権威を持つことになった。当初はそれなりの機能を発揮できたといっても良いだろう。三河島事故後すぐ国鉄全線に、当時開発が終わったばかりのＡＴＳの導入を決めたのもこの委員会だった。

しかし間もなくこの委員会は形骸化していく。大事故の直後こそ幹部の多くが安全問題に真剣だったが、間もなく、直接安全や技術に関係のない局長はこの会議にまったく関心を示さないようになったのだった。従ってこの会議は単なる事故報告会となった。この会議は毎週月曜日に開かれるので、事故の内容と対策を説明する局長は、人によっては土曜も日曜も出勤して起きた事故の内容を詳細に勉強し、会議で一生懸命に説明をするのだが、現実には誰も耳を傾けてはいない。そして事故の対策はといえばいつも「きちんとした作業をやるように指導し、基本動作の徹底と指差確認の徹底に努めます」だけ。すでに国鉄の現場は労働組合の支配で荒廃し、それどころではない状態になっていたのに。官僚的な組織を持つ大企業にありがちな、格好だけで中身のない形式的な会議の典型だったと思う。

理事会と同じ権威を持つという原則もたちまち消滅した。財務を担当する経理局がそれを認めず、すべての案件を従来どおりのやり方でないと認めなくなったからである。従って、安全の基本計画をこの会議に提出すること自体まったく不可能だったし、そうした指示もトップマネジメントからはまったくなかった。

こうした経緯を踏まえ、ＪＲ東日本には独立した安全対策部を設けた。私も新会社の組織のあり方についいては国鉄時代に相談を受けたが、この点についいては強く主張した覚えがある。しかし、安全対策部がうまく機能するかどうかは易しくない課題だった。この部門は予算も人事の権限もなく、具体的な事故の原因の分析や安全対策に関しても、依然として実務部門である運輸車両部、施設電気部、建設工事部の力に頼らざるを得ないからである。

そこでまったく形骸化していた運転事故防止対策委員会は廃止し、安全対策部を中心に、実務部門の幹部だけを集めた鉄道安全推進委員会を設けた。委員長は当然、鉄道事業本部長の私である。JR東日本発足直後の4月9日に第1回の会議を開いて、新しい会社の安全対策がいかにあるべきか、国鉄時代の反省も含めて基本方針を語った。その後、この会議はほぼ毎月開くことにし、毎月各支社等から報告してくる事故の一覧表を一瞥し、もう個々の事故の詳細な説明などは求めない。これは危ないと思った事故についてだけ、問題点とどのような対策を立てるべきか、担当の部長に説明を求め全員で議論をする。内容に不明確な部分があったり、対策がおざなりだったりすると、突っ込んだ議論をするようにした。

JR東日本が発足したばかりの頃には、大型トラックなどが、遮断機が下りているのを無視して踏切を横断するというトラブルが目立っていた。これは非常に危険な事故で、国鉄時代にも外房線で、踏切で立ち停まっていたトラックに電車が激突し、運転士が死亡するという事故が起きていたし、山陰線ではやはり踏切の上で停まっていたトラックに特急電車が衝突して、電車は脱線し、すぐそばにあった鉄橋のガードに激突、数名の乗客が亡くなるという事故も起きていた。

こうした無謀ともいえる自動車運転に対してどういう対策をたてるべきか。当時、「踏切の明視化」と称して、踏切の上に大きな棒を横に通してここに踏切があることが一目でわかるような対策を進めていたが、私はこの対策には疑問を抱いていた。自分自身も車を運転するのだが、踏切がどこにあるのかわからなかったという経験など一度もない。そこで、遮断機がよく折られる踏切にビデオカメラを設置して、映像を記録してみた。すると幅の広い道のよく分かる踏切で、トラックがまったく減速もせずに遮断棒を折って通過して行く映像を見た。反対方向の車はちゃんと停止しているのにである。また別の踏切では、若者が踏切遮断棒によじ登ろうとして、遮断機が折れる状況も映っていた。これにはショックを受けた。

踏切事故に対する有効な対策として「障害物検知装置」の導入を進めることにした。この装置は踏切の上に停まっている自動車などの障害物があるとそれを自動的に検知して、踏切の手前にある非常信号機に緊急停止信号を出して列車を停める。この技術はすでに国鉄時代に実用になっていたのだが、なかなか設置が進んでいなかった。踏切事故の防止には有効な装置だったのだが、雪が降ったり、時には犬が通った際にも動作することがあり、そうした場合、信号係員は現地に急行して、この装置を正常な状態に戻さなければならない。そのため、信号部門がこの装置の導入に消極的だったのだ。だが、安全を考えれば、それでは困る。積極的に導入に踏み切ったのだった。この装置の導入によって、踏切事故は目立って減少した。

これまでの安全対策は、起きた事故に対してどのような対策を講じるかという、いわば受け身の安全対策がほとんどだった。そうではなく、事故が起きる前に自社の安全システムを点検して、弱点に対しては安全システムを強化し、さらには日々起きるトラブルの中から大きな事故につながるような危険な問題を見つけ出すことによって、事故を未然に防ぐようにする、「攻めの安全対策」を作りたかった。多くの議論をした上で、会社が発足した翌年の88年9月に、「守る安全

からチャレンジする安全」をキーワードにして、
――発生した事故への的確な対応
――近代的な安全システムの構築
――重点的な安全投資の実施
――全員参加の「チャレンジセイフティ運動」の展開
――安全を先取りする体制の確立
を5大テーマとする「安全のマスタープラン」を作成した。

第2章　列車サービスの改善

「北斗星」の誕生

鉄道事業が良いサービスを提供するという時、その最も基本となるのはなんといっても便利な列車ダイヤの作成にある。ＪＲ東日本が発足してほぼ1年後の１９８８年3月13日、民営化後最初の列車ダイヤの改正があった。なんとしても新しい会社が発足したことを象徴するような新しいサービスを作りたかった。しかし、民営化後に発注した新しい車両はまだ完成していない。持ち駒は限られていた。この時のダイヤ改正の最大の話題はなんといっても青函トンネルの完成だった。17年の歳月と７０００億円もの巨額の工事費をかけて完成したこの世界最長の海底トンネルは、技術的には素晴らしい偉業であるし、本州と北海道が直接結ばれるという意味では、大変意義のある国家的な事業でもあった。その建設の過程には多くのドラマがあったし、少なからぬ犠牲者も出た。

だが、時代は変化していた。青函トンネルを着工した頃はまだ鉄道が旅客輸送でも貨物輸送でも圧倒的な地位を確保していたが、完成した時には東京と北海道の間には多くの航空便が飛び、世界でも1、2を争うほどの多くの乗客を運んでいた。航空機では1時間20分で行ける北海道に、列車では十数時間もかかる。運賃に大きな相違はない。青函トンネルを通る列車を走らせてみても、いったい誰が利用してくれるのだろうか。マスコミでは「世紀の無駄な事業」とか「いっそのこと、石油の備蓄基地にしては」などという、無責任ともいえる記事が相次いだ。

とはいえ、できたものを利用しないというわけにはいかない。その頃、アメリカの企業家が昔の名列車「オリエント急行」などに使用していた古いがデラックスな車両を競売で落札し、すっかりリニューアルして、ロンドンとヴェネチアの間に「ヴェニス・シンプロン・オリエント急行」という名前で、主としてヨーロッパ以外からの観光客を目当てに運行を始めていた。日本でもかなり話題になっていた。

同じような列車を日本でも作れないだろうかと考えた。成算はまったくなかった。東京と九州の間には「あさかぜ」などの夜行寝台特急が走っていた。ブルートレインと呼ばれて、かつては大変な人気列車だったが、国鉄民営化の頃にはすでに乗客を航空機に奪われて、毎日ガラガラの状態で走っていた。食堂車をデラックスに改装したり、サロンカーを連結したりしてみたのだが、ほとんど効果はなかった。

しかし、世界一長い青函トンネルを通る、一度は乗ってみたくなるようなデラックスな寝台列

「北斗星」

車を走らせれば、お客さまも利用していただけるのではないか。16時間という所要時間は飛行機とは比べものにならないほど長いが、上野駅を夕刻発車して寝室で一休みをしていただいて、やがて夕食。そしてラウンジカーで食後のひと時を過ごしていただき、夜中に世界一長いトンネルを通って一夜明ければそこは別世界ともいえる北海道。美しい自然と海を眺めながら朝食を取っていただき札幌に着く。考えようによってはちょうど良い長さの時間ともいえる。もし、日本の100人に1人の方がこうした列車に興味を持っていただければ、100万人のお客さまのご利用が期待できる。

思い切ってチャレンジしてみることにした。あまり自信はなかったので、使用する車両は旧型の寝台車を改装しただけだったが、目玉商品として、広い個室にシャワーやテレビもある「ロイヤル」、同じく広い2人室の「デラックス・ツイン」を設け、食堂車ではフルコースのディナーを出すことにした。この食堂車も、不要になっていた特急電車の食堂車を再利用した。北の大地・北海道へ向かう新しい寝台列車には「北斗星」という名前をつけた。

いよいよ初列車が走り出す1カ月前の予約発売当日、発売状況を聞いてみると、即日完売とのこと。まあ、最初のうちだけの人気だろうと思っていると、翌日もまたその翌日も完売の日が続いた。どうやらこの人気は本物らしい。初列車の発車の日、上野駅へ見に行くと、中古車両ながら新装なった青い「北斗星」の姿は、電車から改造した食堂車の屋根だけが低く、不揃いなのがやや気になったが、やはり美しい。プラットホームには、この列車に乗るお客さまたちが楽しげに集まっていた。この人気はその後も続き、やがて「切符が取れない」という苦情が寄せられるようになり、「北斗星」の切符はプラチナチケットとさえ言われるようになった。

当時、びゅうプラザに勤務していた女子社員に聞くと、「北斗星」の切符の予約の依頼があると、まずお客さまのご利用になる日、乗車区間、人数、希望される部屋のタイプなどすべてのデータをあらかじめコンピュータに入力しておいて、「発券」というボタンさえ押せばよいようにしておく。そして、1カ月前の午前10時の予約開始の瞬間に、このボタンを押す。それでも「満席」という場合が多かったという。全国の各駅で同じことをやっているからだ。そうして予約ができた時には、思わず「やったー」と叫んだという。

その後、1999年には全車両新車のもっと魅力的な「カシオペア」も登場し、この列車は今も相変わらずプラチナチケットの状態が続いている。

最初の決算

ＪＲ東日本が発足して1年が経過し、いよいよ最初の決算を迎えた。お客さまへのサービスをはじめ、新生ＪＲ東日本が国鉄とは変わったという努力を1年間一所懸命続けてきたが、企業の成果を問われるのは、何といっても経営成績。長年巨額の赤字を続けてきた国鉄、いかに民営化したとはいえ、そう簡単に黒字になれるはずがないというのは、マスメディアだけではなく私たちの間でも本音の見方だった。

国鉄の末期と比較すると巨額の債務は確かに減ったし、人員も国鉄時代と比較すると大幅に減少した。しかし国鉄が残した37兆円という巨額の債務のうち、５兆９０００億円は本州3社が負担した。さらに新幹線の設備は、当初新幹線鉄道保有機構が保有するという形をとり、本州3社はこの組織からリース料を払って使用することになった。その分を加えると、ＪＲ東日本、ＪＲ東海、ＪＲ西日本の3社は実質的に総計14兆５０００億円の債務を背負ってスタートしたことになる。ＪＲ東日本は表面上約3兆円の債務を持ってスタートしていたが、このすべてを加えると6兆円を超える債務を持っていたことになる。事実、１９９１年に新幹線設備は保有機構から買い取ったので、その時には減ってはいたが、この額に相当する金額が実質上の債務となった。当社の発足時の営業収益は1兆８０００億円余。実に年間売上高の4倍近い債務を持っていた。年間利払いだけで２３００億円近くにもなる。

JRが発足する際の計画では、年間収益の1パーセントの利益が出ることになっていた。JR東日本では約１８０億円に相当する。それがいざ実際の決算の結果を見ると、経常利益が７６６億円、当期純利益は２７４億円となり、予想以上の好決算だった。

こうした好決算となったのは何といっても、輸送量が増加し、収入が予想以上に好調だったことが大きい。JR東日本発足後最初の1年間で、輸送量は5パーセントも増加した。鉄道事業は非常に固定経費の比率が高く、収入が増加するとそれがすぐに利益となってはね返る。反対に収入が減少すると、ただちに利益は少なくなる。国鉄時代の末期はほぼ毎年運賃値上げを行っていたので、年々輸送量は減少していた。それが民営化した途端に増加しだした。この輸送量の増加は、いわゆるバブル経済が崩壊するまで5年間ほど続いた。これは本当にありがたかった。

当時、当社の取締役をお願いしていたイトーヨーカ堂の伊藤雅敏《いとうまさとし》さんに「どうしてこんなにお客さまが増えるのでしょう」とうかがったところ、「それはあなた方のサービスが良くなったからですよ。商売とはそういうものですよ」とおっしゃったことを、今でも良く覚えている。鉄道事業とて、その例外ではない。この方は本当に商売というか、事業そのものの真髄を極められた素晴らしい方だと思う。

伊藤さんにはもう一つ、忘れられない言葉をうかがったことがある。JR東日本が発足して、各地方の支社でも何か新しい事業をやりたいという気運が盛り上がっていた。ある日新潟支社から、新しく駅で小売事業を行う会社を作りたいという提案があった。新潟には国鉄時代に一種のOBの再就職先のためともいえる同じような会社がすでにあった。そこでもう一つの同じような会社を作る必要があるかどうかが議論になった。主要な駅の商売に適した場所はすでに、この既存の会社のものだった。だが地元の支社の幹部はぜひ新会社を作りたいという。その理由を尋ねると「今ある会社はOBがのんびりと経営していて、とてもあれでは利益の上がる事業にはなりません」と言う。そこでどちらの方が良いか、おおいに議論となった。

たまたまその日の夜に、伊藤さんと夕食を共にすることになっていた。私はこの問題についての伊藤さんのご意見をうかがったところ、

「山之内さん、怒らない？」

「いいえ、怒りません」

「では言おうか」

「どうぞ」

「いいご身分だね」

「え！」

「山之内さん、イトーヨーカ堂はOBの面倒など見ないよ。そんなことをしたらイトーヨーカ堂は潰れてしまうよ」

これには返す言葉がなかった。本当の民間企業の厳しさを思い知らされた思いがした。

毎年ヒット商品を出せ

「北斗星」の予想外ともいえる人気に、何か目が洗われるような思いがした。九州へのブルートレインでは同じような試みを何度もしたのだが、ことごとく失敗だった。ところが「北斗星」はこの盛況なのである。青函トンネル、それに北海道という目的地の魅力が重なってこの人気を呼んだのだ。きちんとした商品戦略を立てて、魅力的な列車を走らせればお客さまは乗ってくださる。

考えてみれば、ＪＲの列車をご利用になるお客さまも路線によってかなり違うはずだ。常磐線や高崎線のお客さまはビジネスのためのご利用が多いに違いない。反対に、中央線や伊豆方面の特急列車には、観光のためにご利用になるお客さまが多いはずだ。それなのに国鉄時代には、全国の特急列車にはすべて同じタイプの車両を使用していた。線区によってその性格が違うならば、走らせる列車のタイプやデザインも変える必要があるはずだ。そこでまず翌89年に、常磐線にビジネスのためにご利用になるお客さまを対象にして、新しくデザインした「スーパーひたち」を登場させ、そして90年には伊豆方面へリゾート客に対象を絞った新型特急列車「スーパービュー踊り子」を走らせた。いずれも大変好評だった。毎年こうした話題を生むような列車を走らせれば、鉄道のお客さまも増えるに違いない。

考えてみれば、ファッション業界はもちろん、電気製品にしても自動車にしても「今年は新商品はありません」という会社はない。また、お客さまの好みの変化も激しく、一時のヒット商品もすぐに陳腐化してしまう。鉄道事業とてサービス産業である以上、他の産業と変わりはない。毎年新商品を出すことこそ企業活動の原点であり、そこから活力も生まれてくる。毎年、市場に話題を提供できる商品を出せないようでは、一人前の企業とはいえないのではないか。お客さまから忘れられてしまうのではないか。国鉄時代にもほとんど毎年、時刻改正を行って、新しい列車を走らせてきた。しかしそこでは、輸送企業という狭い観念にとらわれていて、列車ダイヤのことしか頭になかった。そうではなく、新しい列車や新型車両はもちろん、旅商品などの新しいサービスを含めた新商品開発戦略が要る。そこで社内に「毎年ヒット商品をつくれ」と檄をとばした。

その後、都心から成田空港に直結する成田エクスプレス、山形新幹線など、少なくとも毎年一つはヒット商品をつくることを目指して新しい列車なり、サービスをつくり出してきたつもりである。

もう一つ、変わった切符を売り出した。「かいじ切符」。かいじは甲斐路。山梨県への切符だ。ちょうどJR東日本が発足した頃から、高速バスが急速に増加しだした。それまではあまり意識していなかったのだが、まず一番に打撃を受けたのが中央線の新宿〜甲府間。目に見えて特急列車のお客さまが減りだした。そこで時刻表で調べてみると、特急「あずさ」に乗ると、新宿から甲府まで1時間50分で行けるが、運賃に特急料金を加えると3300円（指定席では3800円）になる。それに対して高速バスは時間こそ2時間10分かかり、時によっては渋滞もあるが、運賃はたったの1450円。これではバスにお客さまが流れるのはあたり前。これは何とかしなければならない。特急列車のお客さまが減ると、鉄道の収入が減るだけでなく、売店の売り上げも少なくなる。

このような場合に普通の民間企業ならどう対応するのだろうかと考えてみた。たとえば、秋葉原でソニーのテレビが値下げして8万円から7万円になったとする。すると当然、他の会社の製品も同じような価格に下げて競争するだろう。それが市場の常識のはずだ。だとすると、当社も同じようにバスと同じ料金にすべきだと考えて指示を出した。しかし担当の営業部は困惑したようだ。「とてもそれはできません」という返事が返ってきた。ルールの整合性と体系化を大事にするのが国営企業の企業文化なのに対し、市場で他社と価格と品質で自由に勝負することが民営企業の行動原理のはずだ。これこそ民営企業となったことの原点だと思って、さらに実現を求めた。

その結果、「1450円にするのはとても無理なので、往復4000円の『かいじ切符』を作ります」というので、ひとまず妥協した。特急列車の方が20分速いのと、時間の正確性でこれでも勝負になると思ったからだった。その結果、奇妙なことになった。新宿から甲府まで普通乗車

毎年のヒット商品

1988年	寝台特急「北斗星」デビュー
89年	常磐線に特急「スーパーひたち」デビュー
90年	特急「スーパービュー踊り子」デビュー
	GALA湯沢スキー場オープン
91年	「イオカード」サービス開始
	特急「成田エクスプレス」デビュー
92年	山形新幹線開業
93年	京浜東北線に新型電車209系投入
	内房・外房線に特急「ビューさざなみ・わかしお」デビュー
94年	オール2階建て新幹線「Max」(E1系) デビュー
95年	京浜東北線6扉車導入
96年	埼京線恵比寿駅乗り入れ
97年	秋田新幹線開業
	長野新幹線開業
	新型2階建て新幹線「Max」(E4系) デビュー
98年	「成田エクスプレス」大宮駅乗り入れ
99年	寝台特急「カシオペア」デビュー
	山形新幹線新庄延伸
2000年	中央・総武緩行線、東北(宇都宮)・高崎線に新型電車E231系投入
	インターネット「えきねっと」開業
01年	埼京線「女性専用車両」導入
	「Suica」サービス開始
	湘南新宿ライン運行開始
02年	山手線にE231系投入
	東北新幹線八戸延伸
	埼京線・りんかい線相互直通運転開始
04年	Suica電子マネーサービス開始
	湘南新宿ライン、東北(宇都宮)・高崎線にグリーン車Suicaシステム導入
05年	「ecute大宮」「ecute品川」開業
06年	モバイルSuicaサービス開始
	グリーン車Suicaシステム導入線区の拡大(東海道、横須賀・総武快速線)
07年	「サピアタワー」オープン
	常磐線普通列車グリーン車営業開始(Suicaシステム導入)

券だけで普通電車に乗ると片道2100円、なんと「かいじ切符」を買って特急に乗った方が安くなる。もちろん、その結果原価割れになるのなら問題だが、特急列車は速度が高いので人件費は安く、停車駅が少ないのでブレーキを掛ける回数も少ない。理論上は普通列車よりも特急列車の方がコストは安いはず。

この切符を売り出したところ、毎日、甲府駅の駅員が高速バスの発車台数を見に行って「これだけバスのお客が減りました」と報告してくれたという。駅の社員にしても、自分の会社のお客さまが増えるのは嬉しいことなのだ。

その後、2001年12月のダイヤ改正で、中長距離については自由席商品を廃止・統合し、指定席タイプに一本化して「着席サービス」を優先して提供しよう、という方針のもと、自由席商品だった「かいじ切符」は廃止された。

オリエント急行日本を走る

国鉄の民営化が本格的に決まって、最終的な準備に入り出した頃に、パリと日本の間に「オリエント急行」を走らせるという奇想天外ともいえるプロジェクトが具体化しようとしていた。フジテレビが創立30周年を記念して企画した一大イベントで、沼田篤良《ぬまたあつよし》ディレクターが私のところにお見えになり「山之内さん、できるでしょうか？」と言われるので、常識を超えたこのプロジェクトを考えだされたことにはびっくりしたが、「技術的には多分可能だと思います。ただ、今は国鉄民営化の大改革の真っ最中なので、それどころではありません」とお答えし、この話は一時中断していた。その後、国鉄の民営化が順調にスタートしたので、このプロジェクトが再開した。

88年9月、いよいよパリからドイツ、ポーランドを通り、当時のソ連に入ってシベリアを横断し香港まで1万5000キロを20日間かかる直通列車が本当に実現した。ソ連の鉄道の線路の幅は他のヨーロッパの鉄道より広いので、国境の駅では台車を交換しなければならない。同じように、ソ連から中国に入る時にも線路の幅が違うので、台車の交換が必要になる。その後、この列車を日本へ船で運ぶのだ。日本の鉄道の線路はヨーロッパや中国の標準軌間より狭い狭軌なので、このオリエント急行は3種類の幅の違った線路の上を走ることになる。

幅の広いヨーロッパの線路の上を走っていたオリエント急行が、狭軌の日本の線路の上を走れるだろうか。私はかつてヨーロッパで仕事をしていた経験があったので、線路の幅は違うが、客車の車体の幅は日本とほぼ同じだということは頭にあった。ただ車両の長さがやや長い。そこで、実際にオリエント急行を日本に走らせる前に、同じ寸法の試験車両をオリエント急行が走る路線に走らせてみて、大丈夫かどうか確かめた。実際に、赤羽駅などカーブのある駅では車体がプラットホームに接触してしまうので、線路を少し移動させたりもした。

この年の9月7日、パリのリヨン駅で行われた本物のオリエント急行の発車式に、私も参加した。前夜にはシャンゼリゼ通りに近い立派な会場で、この世紀のイベントのセレモニーを記念する盛大なパーティも催された。

当日の朝、パリのリヨン駅の列車出発案内表示板には、おそらく最初で最後の「オリエント・エキスプレス　行先―東京」の表示が出ていた。36人の乗客の中には作家の安部譲二さんご夫妻、女優の上月晃さんの姿も見えた。フランス国鉄もこの二度とないイベントのために、電気機関車の前に蒸気機関車を連結してくれていた。私はまさか全区間を乗るわけにはいかないので、パリから最初の停車駅であるシャンパンの町ランスまで乗車して、オリエント急行から見るフランスの豊かな田園風景を楽しんだ。その後、香港に着いたこのオリエント急行の客車を日本に船で運んで、上陸した徳山駅から東京駅までの区間も試乗した。

車内はさすがに往年の鉄道の良き時代の名残をとどめている優雅なたたずまいだったが、寝室は意外に狭く、また車両は昔の技術で造られているので動揺は非常に激しかった。まるでトランポリンの上にいるような心地がしたことすらあった。オリエント急行の車窓から見る日本の風景は何か不思議な感じがした。

その後このオリエント急行は、北海道から九州まで日本全国を走ったが、どの列車も満員の人気だった。

座席のない電車の登場

ＪＲ東日本の鉄道サービスの最大の問題は、通勤時間帯の電車の混雑のひどさだと言って差し支えないだろう。ヨーロッパでは、パリの地下鉄の混雑は時には相当なものだったが日本ほどひどくはない。しかも、郊外路線ではむしろ通勤列車でも座れるのがあたり前。とはいえ、東京でそれを実現できるわけではない。それでもなんとかしなければならない。そこでまず混雑の最もひどい区間を調べてみた。

鉄道企業では「乗車効率」という言葉を使う。実際に列車に乗っているお客さまが定員の何倍かという数字のことである。新幹線や特急列車は座席の数がその車両の定員となっている。しかし山手線や中央線などの電車の定員は、座席の数ではない。乗客１人あたりの面積で定員を決めている。ちなみに、現在山手線を走っている電車１両の定員は約１６２人で、１人あたり０・３平方メートルということになる。座席の数は52人なので、その約3倍という計算だ。

ＪＲ東日本が発足した当時、最も混雑がひどかったのは常磐線の松戸～北千住間で、乗車効率は２８０パーセントぐらいだった。次が、京浜東北線と山手線の上野～御徒町《おかちまち》間、そして総武線の新小岩～錦糸町間、山手線の新宿～渋谷間などが続く。２８０パーセントというと文字通りぎゅうぎゅう詰めの状態で、１両の車両に４００人近い乗客が乗っていることになる。10両編成で実に約4000人。プラットホームで駅員がお客さまの背中を押さないとドアが閉まらない状態だった。最大の解決策は線路を新しく建設することだが、そのためには膨大な経費と、時間がかかるだけでなく、必要な土地を手に入れることも大変難しい。そこでとりあえず、すぐにできる混雑緩和対策を実施することにした。

まず最も混雑のひどい常磐快速線だが、この線には取手までの近距離電車と水戸方面まで行く中距離電車が走っている。中距離電車は15両編成だが、本数の多い取手までの近距離電車は10両編成。それは途中にある三河島、南千住、天王台の3駅のプラットホームが短いためで、中距離電車はこうした駅には停まらない。それまでは国鉄時代に「国電」と呼んでいた近距離電車は10両が限度だという一種の常識があった。そこでこの3駅のプラットホームを15両でも停まれるように長くすることにした。このプロジェクトは、国鉄の民営化の方針が決定した1年後の86年からスタートしていた。そしてJR東日本が発足した翌年の88年3月には、近距離電車も15両編成にできるようになった。国電型電車初めての15両運転である。これによって常磐快速線の混雑はかなり楽になった。

次は山手線。上野~東京間と新宿~渋谷間という2カ所の混雑のひどい区間がある。混雑緩和のための最重要路線だといってよい。ある日、運輸車両部運用課の大熊孝夫《おおくまたかお》課長代理が私のところに来て、「山手線は11両にできそうです」と言ってくれた。これは耳寄りな話だった。

国鉄時代は電車がオーバーランをした時に備えて、各駅のプラットホームの長さに20メートルの余裕を持たせていた。しかし民鉄ではプラットホームの長さに余裕などほとんどない駅が少なくない。実は国鉄時代にも、埼京線が開業する時に、十条の駅には両側に踏切があってプラットホームを20メートルの余裕を持たせるだけ長くできないため、10両編成の埼京線の電車が停められるよう、プラットホームの長さの余裕を10メートルに短縮したことがあった。こうした基準ができたのはブレーキ性能が非常に悪い蒸気機関車や電気機関車が客車を牽引していた時代で、新しい電車はそれに比べてブレーキの性能が格段に良くなりオーバーランをする可能性が少なくなっていたからだった。同じ考えを山手線にも適用してそれでも長さの不足する駅のプラットホームを多少長くすれば11両運転も可能になるという。

早速調べてみると新宿、池袋、上野、東京などの主要な駅はプラットホームを延伸する必要はなく、その他の22駅も若干長くすれば11両運転が可能だということがわかった。

そこで、1両増やすなら、その1両は朝の始発からラッシュアワーが終わる午前10時までの間は座席をたたんで全部上に跳ね上げる。こうすると座ることはできなくなるが、広いスペースを取れるようになり、混雑はかなり楽になる。さらに、ドアの数も増やして4扉から6扉とする。そうすれば各駅でのお客さまの乗り降りが早くなり、停車時間が短くなるので、電車の増発ができるからだった。できれば全車両をそうしたかったが、そうするとラッシュアワーには座席がすべてなくなるので、さすがにいきなりそこまで踏み切る勇気はなかった。こうしたアイデアは国鉄時代にもあったのだが、世論の反発を恐れて踏み切れずにいた。それにあえて挑戦することに

6扉車両

した。タブーへの挑戦、それこそが国鉄民営化の際の活力の原動力であり、後述する自動改札の導入もその一つだった。とりあえず、最も混雑のひどい位置の車両1両だけをこのタイプとすることにした。それだけでも停車時分を短くして電車を増発できる可能性がある。

実際にこのタイプの車両を導入してみると、マスメディアからの批判はすさまじかった。「乗客を人間と思っていない」「家畜電車」「お年寄りがかわいそう」などなど。他の民鉄の幹部からも「まさか、そこまでやるとは思わなかった」と言われた。ただ、1両増結したので全体として座席の数が減ったわけではない。また、朝のひどい混雑状況では、たとえ普通の座席を設けたとしていても、お年寄りが座ることなどほとんど不可能だった。

現実のお客さまの反応はマスメディアとは違っていた。もちろん、批判的なご意見もかなりあったが、むしろ歓迎してくださるご意見の方が多かった。それだけではなく、埼京線など他の線にも同じような車両を入れてほしいというご意見すら寄せられるようになった。その後、このタイプの車両は山手線だけでなく、京浜東北線、埼京線、総武線などにも連結するようになった。混雑緩和のための正攻法ではないが、緊急避難として認めていただきたいと思う。

この新しいタイプの車両には試みに動画のディスプレイを採用してみた。かつての紙広告の時代からテレビのコマーシャルが広告の主流となる時代となり、ビデオなども普及しだしていたので、これからは動画の時代になると考えたからだった。しかしこれは部内からの反対に遭った。住田社長からは「広告収入が減る」との厳しい批判を受けたし、車内の広告担当部門と関連企業は「また、新しもの好きの山之内さんの趣味が始まった」と言わんばかりの、無言の、きわめて冷淡な反応だった。

今は、多くの車両に動画ディスプレイが取り付けられている。それを見ると、何事にも潮時というものがあって、やや物事を先取りしすぎたのかな、という感慨がある。

座席を跳ね上げる新タイプの車両を導入した同じ頃、東京圏運行本部から「京浜東北線の快速運転を実施したい」という意見が出てきた。これも、国鉄時代にはやりたくてもできないと思い込んでいたタブーのひとつだった。それによって、遠距離のお客さまは早く目的地に行くことができる。民鉄各社ではむしろこれが常識で、複々線区間では一方の線路を急行運転専用にしている場合が多い。国鉄でも中央線の中野~三鷹間を複々線にする際に同じようにしたかったようだ

混雑率ワースト10(2006年度)

順位	線名	区間	混雑率(%)
1	山手線(外回り)	上野〜御徒町	216
2	京浜東北線(南行)	上野〜御徒町	213
3	中央線(快速)	中野〜新宿	208
4	総武線(緩行)	錦糸町〜両国	206
5	武蔵野線	東浦和〜南浦和	202
6	埼京線	板橋〜池袋	200
7	京浜東北線(北行)	大井町〜品川	198
8	京葉線	葛西臨海公園〜新木場	196
9	横浜線	小机〜新横浜	192
9	高崎線	宮原〜大宮	192
9	南武線	武蔵中原〜武蔵小杉	192

が、沿線の反対と政治的な圧力で駄目になったらしい。当時、私は東京鉄道管理局の電車課長だったのだが、快速線の電車も中野〜三鷹間の全部の駅に停車する列車ダイヤを作って準備していたところ、ダイヤ改正の3カ月前に、突然本社の最高幹部から「特別快速を走らせろ。そして日曜日には快速電車は高円寺、阿佐ヶ谷、西荻窪は停車しないようにしろ」という指示が来て、慌ててダイヤを作り直した覚えがある。

タブーにはぜひ挑戦したい。早速、京浜東北線の快速運転実施を決めた。ただ混雑する朝晩のラッシュアワーはとりあえず避けることにした。快速運転実施に対しては、通過となる各駅の方々から反対の声が上がった。予想をはるかに上回るものだった。特に、御徒町の反対は猛烈で、「上野にお客を奪われ、町が衰退する」と必死だった。そこまでJRに期待をしていただくのはありがたいが、1カ所でも変更すると収拾がつかなくなる。1年間ほど沿線には「京浜東北線の快速運転絶対反対」の横断幕が張られ、繰り返し、御徒町に停車するようにとの陳情を受けた。しかしやがてこの反対も下火になっていった。京浜東北線の快速運転は、御徒町を訪れるお客さまにはあまり大きな影響はなかったようだ。

これまで行ってきた施策は、いわばとりあえずの緊急対策で、抜本的に通勤時の混雑を改善するためには新線の建設や、さらに線路を増やすなどの大規模工事を実施する必要がある。

国鉄もこのラッシュアワーの混雑改善の問題に手をこまねいていたわけではなく、東海道新幹線が開業した1964年頃に「5方面作戦」という壮大な通勤輸送改善計画を作っていた。5方面というのは東海道・横須賀線、中央線、東北・高崎線、常磐線そして総武線の5方面の路線のことである。

当時、東海道線と横須賀線は同じ線路の上を走っていた。現在横須賀線が走っている線は当時は貨物列車の専用だった。中央線も中野以西は2本の線路しかなかった。東北線の大宮〜上野間にいたっては、旅客列車が走る線は現在の京浜東北線の線路しかなく、このただ上下一本の路線の上に、京浜東北線の電車だけでなく、東北線、高崎線の電車も走っていた。特急列車などもすべてである。事情は常磐線も総武線も同じだった。この5方面の各線を復々線にするという大計画が5方面作戦で、15年の歳月と6800億円もの工事費をかけて実現した。それでもなかなか混雑は改善しなかった。この頃は郊外での住宅開発の盛んな時代で、新しい線路を作っても、乗客の増えるのに追いつかなかったのだ。

ＪＲ東日本にとって、こうした混雑のひどい線区の輸送力を大幅に増加させる手段がないわけではなかった。まず、最も混雑の激しい常磐線については、国鉄時代から東京都心から筑波学園都市まで新線を建設する計画があり、当時「常磐新線」と呼んでいた。ＪＲ東日本発足当時は財源問題のめどが立たず、実現するかどうかまったくわからなかった。住田社長の方針は明確で「こうした採算が取れるかどうかわからないプロジェクトには絶対に関与してはならない。一部といえども資本参加してはならない」というものだった。国鉄時代の巨額設備投資ボケしていた私どもにはやや厳しすぎる思いがあったし、新しいお客さまの増える可能性の大きい路線に対する未練も、なかったとはいえない。ＪＲ東日本の資本参加を求める運輸省との間に入って苦慮したこともあった。

しかしこの問題一つに限らず、臨海副都心線の建設に際しても住田社長はこの信念を貫かれた。住田社長がこうした明確な方針を出されたことは、その後のＪＲ東日本のこの種の問題に対する基本理念を教えていただいた思いがする。「常磐新線」はその後種々の検討の末、ＪＲ東日本の手を離れて、２００５年に第三セクターの「つくばエクスプレス」として開業している。

次に混雑の激しい山手線と京浜東北線の上野〜東京間には並行して2本の単線の線路があり、終戦間もない頃、一時的に常磐線の電車が有楽町まで乗り入れていたことがあったし、荷物車の回送などにも使っていた。それだけではなく、上野駅にも東京駅にも、引き上げ線と呼ぶ電車の留置線が、それぞれ秋葉原駅の近くまで延びていた。これを結べば立派な複線にできて、横須賀線と総武線のように、東北・高崎線、常磐線の電車と、東海道線の電車とを直通運転することができる。工事費もそう巨額になるとは思えない。そうすればこの区間の輸送力を一挙に倍増することが可能になる。事実、59年に、私が国鉄本社の運転局列車課設備計画の部門に配属になった時に与えられた最初の仕事は、この直通運転計画の作成と、中央快速線の一時間あたりの運転本数を何本まで増やせるか、という課題だった。

しかし、これを実現しようとしても大きな問題があった。東北新幹線は国鉄改革の2年前に上野駅まで開業していたが、東京駅まで延長してほしいという沿線自治体からの要望はきわめて強く、無視できない状況だった。JR東日本発足当時はそのために必要な財源の負担方法が決まっていなくて、いわば店晒しの状態だった。もし、東北新幹線を東京駅まで延伸しようとすると、神田駅の付近は線路の近くに多くのビルがすでに建っていて、そこに新しい線路を敷設することはとても不可能、この東京~上野連絡線の土地を利用する外はなかった。そうした区間に、新幹線の東京乗り入れ問題の答えが出る前に電車を走らせるわけにはいかない。

総武線については、当時すでに京葉線の工事がかなり進んでいた。この線は元来貨物輸送のために建設した路線だったのだが、すでに国鉄民営化の頃には貨物輸送は大幅に減少していて、この線はむしろ旅客輸送に利用して、これも混雑の激しい総武線を助ける路線になることが確実になっていた。この路線は92年に全線が完成した。しかし総武線の混雑は期待したほどには緩和しなかった。これは埼京線を建設した時も同じで、京浜東北線の混雑は目立って良くはならなかった。むしろ、沿線に住宅がどんどんできて、新しいお客さまが増えたのだった。

このように、「新5方面作戦」ともいえる大型プロジェクトがあるにはあったが、民間企業として新発足した以上、実際に国鉄のような巨大投資を行うことは不可能に近い。しかも、くどいようだがJR東日本は年間売上の3倍にもなる巨額の債務を抱えている。企業経営の視点からすれば、何よりもまずこの債務を減らしていかねばならない。

しかし、いろいろなきめの細かい対策を実施したことと、京葉線の開業、埼京線の大崎までの延伸と臨海線への乗り入れ、つくばエクスプレスの開通などもあって、全体としてはラッシュアワーの混雑は着実に改善している。さらに、最も混雑のひどい山手線と京浜東北線の上野〜東京間については、長年の懸案だった、東京〜上野間に新しい線路を建設する準備を進めている。

この区間は前述したように、東北新幹線の東京乗り入れの際に、そのための土地を使ってしまっていて、新しい線路をひく用地はないのだが、新幹線の工事の際、さらにその上に復線の線路を建設できるような基礎工事を実施してあった。上野から秋葉原までは今でも電車の留置線がある。それを延ばして総武線の下を通ったらすぐに、新幹線の上に上がり、神田駅付近は東北新幹線の真上を通る。そしてすぐに下りて首都高速道路の下にある東海道線の電車留置線に接続するのである。そうすればこの区間の混雑が一挙に改善できるだけでなく、東海道線と常磐線、東北線などの電車の直通運転ができるようになり、非常に便利になる。

もう一つのタブーへの挑戦は東北線、高崎線、常磐線へのグリーン車の連結だった。これも国鉄時代からの懸案だったのだが、ただでさえ混雑のひどいこうした線にグリーン車を入れると、その分だけ普通車の混雑がひどくなるので、反対を懸念して実施できずにいた。ただ、東海道線や横須賀線、総武線などすでにグリーン車を入れている線では非常に好評で、ラッシュアワーにはグリーン車でも座れない場合が多くなり、2階建てのグリーン車を造って連結した。これは最初の運輸車両部長だった芳賀恒雄部長の提案だった。

私は2000年にJR東日本を去り、宇宙という予想もしていなかった分野での仕事に就くことになったのだが、その直前のこと、運輸車両部から東海道線、横須賀線と東北線、高崎線の電車を新宿経由で直通させたいという提案が出された。現在の「湘南新宿ライン」である。私自身は当初やや消極的だった。両線の直通運転をすると、どちらかの線の電車に遅れが出るとそれが広い範囲に影響し、首都圏の輸送が大混乱することを恐れたからだった。しかしこれは大成功だったと思う。運転開始後すぐに知人の方から「ゴルフに行くのに非常に便利」と言われたが、なによりもお客さまにとって便利になった。そして副次的な効果として、これによって東北線と高崎線にはグリーン車を入れられないというタブーが壊れた。今では両線のほとんどの電車にグリーン車が連結されるようになっただけでなく、常磐線にもグリーン車が連結できるようになった。

ラッシュアワーに長距離の通勤をされる方々にとっては、グリーン車だけではなく、多少の料危惧していた反発もほとんどなく、むしろ好評だった。

金を払ってでも座って行きたいという希望が強い。そのために、特急電車の基地からの回送車両を利用して全員が座れる「通勤ライナー」の運転が、国鉄末期の84年から東北線、総武線などで始まっていた。このサービスをさらに大規模に展開した。まず東海道線ではラッシュアワーに電車が走っていない貨物線を利用することにして、藤沢、茅ヶ崎、平塚などに、貨物線にプラットホームを新設、早朝と夜間にそれまでは車庫に入れていた中央線の特急電車の車両を利用するだけでなく、専用のオール2階建ての電車も製作した。藤沢駅などでは、通勤ライナーの乗車券を買うために早朝から大勢の方が並ばれている状態だったからだった。ただこの2階建て電車は、お客さまの乗り降りに時間がかかり、使いにくいという現場からの苦情があるのも事実ではある。今では、常磐線、中央線など各線にこうした通勤ライナーが走っていていずれもほぼ満席という状況だ。

JR東日本が発足して以来、増発した列車の走行距離は1日あたり10万キロに達する。これは小田急、京王など大手民鉄2社全体の列車走行キロに相当し、民鉄2社を新しくつくった規模の列車を増発したことになる。この中には新幹線や在来線の特急電車を増発した走行キロも含まれているが、新幹線開通によって第三セクターに移管した部分の列車走行距離は減少しているので、この大半は首都圏の電車の増発と考えてよいだろう。その結果、首都圏の朝の通勤輸送の乗車効率は平均してJR東日本発足当時は238パーセントだったのを、現在では186パーセントにまで下げることができた。

◎首都圏の朝通勤ピーク時の混雑率推移

年度	混雑率（%）
1987	238
88	233
89	231
90	232
91	231
92	232
93	229
94	227
95	223
96	218
97	211
98	206
99	203
2000	200
01	198
02	197
03	194
04	189
05	186
06	186

国土交通省が当面の目標に定めた乗車効率180パーセントにまで、全体としてはもう少しというところまで来たわけだが、区間によってはまだ200パーセントを超えているところも少なくない。現在、中央線の三鷹~立川間の高架化工事を進めているが、それと関連して、かねてから計画にあった京葉線の東京駅と三鷹を結ぶ新線を建設すれば、混雑の最もひどい中央快速線と総武線の混雑の緩和に大きく貢献するだろう。

だがそのためには巨額の設備投資が必要で、とても民営化したJR東日本だけの手に負える問題ではない。いま公共工事のあり方が問われてはいるが、地方に道路を造ったり、整備新幹線を建設したりするだけでなく、こうした工事にも国家や自治体の援助が多少はあっても良いのではないかと思っている。

新幹線ネットワークの強化

ＪＲ東日本、ＪＲ東海、ＪＲ西日本の本州3社は、それぞれが異なる性格を持っている。ＪＲ東海は東海道新幹線の占める割合が非常に大きい。その収入の8割近くを新幹線からあげている。東京と京都、大阪を結ぶ東海道新幹線はその両端に巨大都市圏を持ち、途中にも静岡、浜松、豊橋、名古屋という大都市を持っている。その距離500キロ余と、都市間を結ぶ高速鉄道としては最も適した距離。世界でも最も恵まれた高速鉄道路線だといえる。その収益性も抜群に高い。

ＪＲ西日本の山陽新幹線も両端に大阪、福岡、途中に神戸、広島という大都市を持っているが、東海道新幹線と比較すると、輸送量はかなり少ないだけでなく、福岡空港が都市の中心部に近いこともあって航空機との競争も厳しい。だが関西の大都市交通という大きな市場を持っていることと、関西と北陸を結ぶ路線も在来線としては非常に有力な路線といっていいだろう。ただ関西都市圏には民鉄の並行路線が非常に整備されていて、厳しい競争環境にある。さらに、山陰地区などに膨大な赤字ローカル線も持っている。こうしたいろいろな顔を持つのがＪＲ西日本の特徴ともいえる。

そしてＪＲ東日本はといえば、この会社は何といっても首都圏の都市交通が重要な企業。有力な市場であると同時に、大量のお客さまの輸送を安全で正確に行わねばならないという重い責任を持っている。国鉄時代の大事故の多くは東京都市圏で起きている。安全への危機感が嫌でも強くならざるを得ないという宿命も持っている。ＪＲ東日本も東北・上越（後には長野も）という新幹線を持ってはいたが、１日に約39万人を運ぶという膨大な輸送量を持つ東海道新幹線と比較すると、いわばローカル新幹線で、東京から先には仙台、新潟くらいしか大都市はない。従ってその輸送量は、ＪＲ東日本発足当時には東海道新幹線の３分の１程度だったが、今後当社が伸びていくためには、この新幹線が切り札になる。

ＪＲ東日本が発足した当時は東北新幹線の東京のターミナルはまだ上野だった。82年にとりあえず大宮をターミナルとして開業したこの両新幹線は、85年にようやく当初の計画にはなかった上野にターミナルをつくり、東京都内へ乗り入れることができたばかりだった。ＪＲ東日本が発足するわずか2年前のことだった。確かに新幹線の存在感は、ＪＲ東日本にとってはＪＲ東海、ＪＲ西日本と比較して、やや小さい。だがこの新幹線にはまだまだ発展する大きな可能性があるということも、他社とは違う点でもあった。

東北地方の各県からの、東北・上越新幹線を東京駅まで乗り入れてほしいという要望は非常に強かった。「それによって初めて、長年にわたる東北地方への格差がなくなる」という声すらあった。ただ、このわずか3・6キロの区間の工事のために１０００億円を超える巨額の工事費がかかる。民営化して発足したばかりのＪＲ東日本にとっては慎重にならざるを得ない問題だったが、東京駅へ乗り入れることの意味は非常に大きいので、１９８９年に東京駅への乗り入れ工事の実施を決め、工事にとりかかることになった。だが、そのためには二つの大きな問題があった。

一つは、前述したように、神田付近に新しく新幹線の線路を建設するだけの幅の土地がなかった。唯一可能な方法は、東京駅と上野駅との間を結んでいた単線の線路と両駅の留置線の土地を、転用することだった。この区間は、将来複線にして東海道線と東北、高崎、常磐線を結ぶ在来線の本線として利用する重要な計画の線路だった。そこで高架構造となる新幹線の線路の基礎を強固な構造にしておいて、将来その上にさらに在来線を通せるようにしておいた。

もう一つは東京駅にプラットホームが一つしかないこと。これではとてもすべての列車を東京駅で発着させることはできない。現在東海道新幹線が使っている14番線と15番線の設備は本来東北新幹線のために計画した設備で、東北新幹線が東京駅に乗り入れる際には、ＪＲ東日本が返却を求めることができるはずだった（28～29頁の図を参照）。だがとても、そういうことを言い出してもまともに議論してくれる雰囲気ではなかった。何かいい方法はないか。

中央線のプラットホームを上に上げて、山手線、京浜東北線、東海道線のプラットホームを一つずつ横にずらしていけば、新幹線のための新しいプラットホームを一つつくれる可能性があった。そこで検討を命じた。それにあたっての問題は二つ。首都高速道路の下を通ってから電車が走れる程度の急勾配で十分な高さにまで中央線の線路を上に上げることができるかどうか。それと東京駅のすぐ後ろにこうした工事を行うことのできる広さがあるかどうか。いずれの問題もなんとか解決可能という返事を聞いた時には本当に、ほっとした思い出がある。

東北新幹線の東京乗り入れ以上の大問題はいわゆる整備新幹線問題だった。この問題は、JR東日本の問題というより政治問題だったといった方がよい。整備新幹線というのは東海道、山陽、東北、上越各新幹線に続いて建設する予定の新幹線のことで、北海道新幹線、東北新幹線の青森への延長、北陸新幹線、九州新幹線、長崎新幹線の5線で、俗に整備5線と呼ばれることがある。

東海道新幹線はもちろん、山陽新幹線も、すでに輸送能力が限界に達していた在来線の輸送力を増強するという性格を持っていた。東北・上越新幹線も一部の区間ではそうした目的がなくはなかった。だが整備新幹線はとうてい輸送上の問題ではなく、それは均衡ある地域の発展をモットーとする国土開発政策上の有力な手段となり、関係する地域にとってはやはり地域の発展のための魅力的な手段だと考えられていたし、巨額の工事資金が地方に来るという当面の魅力も大きい。

しかし、鉄道企業にとっては、とうてい自力で建設できるものではなかった。これから新しく建設する新幹線の期待できる輸送量は既存の新幹線と比較して非常に少なく、もしその工事費を全額負担すると大変な赤字になることは明らかだった。このため、整備新幹線を着工するかどうか、その財源をどうするかは、毎年の予算編成の際の大きな政治問題になっていたが、国鉄も財務状態がどんどんひどくなっていく中で、この問題は凍結状態となり、国鉄改革まで整備新幹線の問題は棚上げ状態となっていた。国鉄の民営化が順調にスタートしたことから、間もなくこの問題が再燃しだした。

整備新幹線問題の議論の結論が出るより早く、JR東日本は88年7月に福島～山形間のミニ新幹線の着工を決めた。ミニ新幹線というのは新しい新幹線を建設するのではなく、狭軌の在来線の線路の幅を新幹線と同じ標準軌間に変えることによって、新幹線の列車を在来線へ乗り入れられるようにする一種の改良工事に過ぎない。従って俗称として「山形新幹線」と呼んではいるが、この線の正式な名称は今でも奥羽本線のままなのである。ミニ新幹線は輸送量が先細りという宿命を持つ東北新幹線の輸送量を少しでも増やすための、一種の奇策と言ってもいいかもしれない。

なぜ本格的な新幹線の建設を待たずにこうした「姑息」ともいえる方法を取ったかというと、本格的な新幹線を建設するためには、優先する整備新幹線の完成を待たねばならない。それではいつのことになるのかわからない。山形は有名なサクランボの産地であるだけでなく、豊富な温泉と蔵王というスキーのメッカもある。ここへ新幹線を直通できれば多くのお客さまに利用していただける可能性がある。確かにこの「ミニ新幹線」方式では、速度が低いので本格的な新幹線を建設した場合と比較して、東京から山形まで20分ほど長くかかる。それでも東京から2時間40分ほどで山形まで行けるので、航空機とも十分に競争できる。

92年7月に、この、日本で最初のミニ新幹線が完成した。そして期待していた以上にこの「ミニ新幹線」を利用してくださるお客さまが増えた。地元の方々も非常に喜んで下さった。「何が一番ありがたいかといって、東京駅で毎日『山形、山形』と案内放送していただけることが一番ありがたい。山形が身近な存在になり、鉄道が直通していることを知っていただけることが本当にありがたい」と。地元の人は別として、東京などに住んでおられる方々で稀にしか鉄道を利用されないお客さまにとっては、直通列車が走っていないと、その地方に鉄道があるかもよく分からなくて、旅をされる際に列車を利用していただけなくなるのだ。

山形に続いて97年には「秋田ミニ新幹線」が開業し、さらに99年には山形新幹線が新庄まで延長になった。ミニ新幹線はJR東日本独特の、新幹線の利用を増やしていただくための知恵だった。同時に新幹線のスピードアップも実施した。JR東日本発足当時の東北新幹線の「やまびこ」の最高速度は時速240キロだったが、97年から時速275キロに上げた。東京から盛岡への到達時間はJR東日本の発足当時は3時間以上もかかっていたが、現在は2時間21分と大幅に短くなった。

整備新幹線を建設する上での大きな問題は、その工事費が3兆円という巨額なものになること、誰がその工事費を負担するのか、そして新幹線が実現した時に、後に残る大赤字になることの避けられない並行する在来線をどうするか、という三つであった。

第一の問題に対しては、整備新幹線の一部の区間をミニ新幹線方式とする方式と、新幹線を走らせるために新しく建設した構造物の上にとりあえず在来線の列車を走らせる「スーパー特急」方式を交ぜ合わせて、総工事費を半分にできるという案が生まれ、財政当局もこの案に関心を持った。この案だと地方自治体の負担が大幅に少なくなるし、並行在来線をどうするかというやっかいな問題もなくなるので、地方自治体もこの案に賛成してくれることを期待したからでもあろう。しかし現実にはそうはならなかった。「鰻を食べようと思って注文したら、穴子と泥鰌《どじょう》が出た」と猛烈な反対に遭い、結局、整備新幹線は全線本格的な新幹線を建設することになった。

第二の問題は国鉄の民営化によって建設費負担についての基本原則がはっきりした。民営化したJR各社は企業として基本的に欠損の生じるような投資はできないからである。従って、新幹線の建設によって利益が増える額に相当する部分についてはJRが負担するが、それを超える部分については国と地方自治体が負担することが基本原則になった。

第三の問題もこれに関連しておのずから明らかになっていった。並行在来線をどうするかについては廃止を含めて地方自治体が判断する。JRはもはやその運営には関与せず、その赤字を負担しないで済む分だけ新幹線の建設によるJRの利益は大きくなるが、同時に、その分だけJRが負担しなければならない工事費は増えることになる。在来線のあり方は地方が独自に判断する。その代わりに新幹線を建設するためのJRの負担が増え、新幹線建設の財源の確保の効果もあるという解決策なのである。

最後の問題としては、5線を同時に着工するわけにはいかないので、議論の末に北陸新幹線の高崎〜長野間を最優先とすることに決まり、89年8月2日に軽井沢駅で起工式が行われた。計画が決定してから16年、国鉄改革という激動を経た上で、整備新幹線はようやく着工にこぎつけたのだった。

97年北陸新幹線の高崎～長野間が完成し、それまで3時間もかかっていた東京と長野の間は一挙に1時間19分になった。有名な観光地である軽井沢へは約1時間、通勤することすら可能になった。続いて2002年には東北新幹線の盛岡～八戸間も完成。こうした路線網の拡大によってJR東日本の新幹線が持つ重みは着実に大きくなり、今や首都圏輸送と並ぶ鉄道事業の大黒柱となりつつある。

◎JR各社の輸送量(人キロ)

(単位：億人キロ)

2006年度	新幹線輸送量
JR東日本	193
JR東海	438
JR西日本	152

当社の新幹線を利用していただいているお客さまは1日に25万人。東海道新幹線の39万人にはまだまだ及ばないが、JR東日本が発足した当時は新幹線が鉄道事業全体の収入に占める割合は20パーセント程度であったのが、現在では28パーセントにまで増加し、東京首都圏輸送(全鉄道収入の51パーセント)に次ぐ重要な事業部門となった。それだけではなく、新幹線はJR東日本の鉄道事業の中で、唯一の成長分野でもある。JR東日本の新幹線の輸送量はすでに山陽新幹線を大きく上回り、その輸送量はJR東日本の発足時と比べて60パーセントも増加した。それに対して東京首都圏の輸送量はJR東日本発足後24パーセントの増加、その他の地方線区にいたってはほぼ横ばいとなっている。

さらに、JR東日本が発足した頃にはまったく予期していなかったのが、新幹線を利用される通勤客の急増である。東海道新幹線を建設した時には、新幹線で通勤するお客さまが生まれるとは誰も考えていなかったに違いない。それが特に東北新幹線の東京駅乗り入れの頃から急激に増えだした。小山、熊谷、宇都宮、高崎から利用される方が多く、驚いたことに大宮から東京まで利用になる方もかなり多かった。間もなく、「新幹線でも座れない」という苦情が多く寄せられるようになり、急遽2階建ての新幹線車両を製作した。94年のことである。JR東日本発足当時と比べて、新幹線の定期券の発行枚数は現在では17倍になり、軽井沢や佐久平からもかなりの数の方に毎日新幹線を利用していただいている。

トップに恵まれたJR東日本

JR東日本の初代会長は山下勇さん、そして初代社長は住田正二さん。住田さんは運輸省鉄道監督局長も務められ、その頃にスト権ストがあり、その機会に国鉄改革に本気に取り組まれた。その後も国鉄改革の計画の作成と実現の中心におられて、文字通り国鉄改革のキーマン中のキーマン。その辣腕ぶりと歯に衣を着せぬ発言で、あえて言うが国鉄の歴代幹部たちは恐れ、かつ嫌っていた方だった。その方がJR東日本の社長になられると知った時には、正直なところ私自身も困惑し、これからどうしたらよいのかわからなかった。何度かそれまでにお目にかかったことはあった。国鉄再建監理委員会にも二度ほど呼び出され、厳しい質問に当惑したこともあった。

この幹部人事を私が初めて知ったのは、JR東日本が発足する1カ月半ほど前、新聞紙上でのことだった。直後に私と松田昌士常務取締役（まだ未定の時期だったが）が、新社長に内定した住田さんからすぐに来るよう呼び出しを受け、その場でＪＲ東日本の組織と人事の原案を変更するようにご指示があった。この時も率直に言って大変怖かった。何しろＪＲ東日本が発足するまで日がない。その後、山下さん、住田さんご両人と私たち２人とで役員の人事、組織、社外取締役の依頼、経営の基本方針、役員室の配置などにわたるまで、ほぼ毎週２回くらい定期的に打ち合わせを行った。

この頃からようやくお二人の本当のお人柄が摑《つか》めるようになった。ともかく意志決定が早い。たとえば、社外役員をどなたにするか議論をしていて、一同の意見が合うとすぐにその場でその方にお電話をしてお願いをする。ＪＲ東日本の役員の顔ぶれが決まり、まだ会社が発足する前だったが、マスメディアにお披露目の会を催した際に、山下さんは会長就任の感想を求められて、「これからのんびりと散歩でもしようと思って歩いていたら、上から鳥籠が下りてきて、捕まっちゃったよ」とおっしゃった。

率直に申し上げてお二人のご経歴とご性格、物の考え方はかなり違う。松田氏も強い個性を持っている。どうしたら私を含めた４人のチームワークが取れるのか、それが最初の、私にとっての大きな問題だった。しかしお世辞ではなく、一流の人物の行動はさすがに違う。あの個性の強い住田社長が徹底して山下会長を立てる。そんなはずはないと思うことでも、山下さんのおっしゃったことに住田社長が逆らったことは一度も見たことがない。山下さんも住田さんに大変気を遣われていることは、傍にいればわかる。

山下さんのすごさというか、私どもにとって大変参考になったことは、長年民間企業の経営を経験され、その根幹を教えてくださった点にある。私たちの体質は本質的に官僚的である。失礼ながら住田社長も当然しかりだ。その点で教えられることが多かった。

そして、技術の本質を理解されている点が大変有難かった。率直に言って国鉄は事務系の幹部の力が非常に強く、なかなか技術の本質をわかってもらえないという悩みを抱く機会も多かったし、世界に先駆けて新幹線を造った技術陣を見下して、大事なことの相談には入れさせないことも少なくなかった。ところが山下さんは本当の技術者。口先だけの知識の私とはレベルが違う。ただ偶然同じ大学の同じ学科の卒業生だったので、私とは非常に話が合ったし、大変可愛がってもいただいた。私が生まれた年に大学を卒業されたという大先輩で、よく何か出過ぎたことを申し上げると「君は僕が大学を卒業した年に生まれたくせに」と冗談に言ってくださった。

山下勇・ＪＲ東日本初代会長

技術の大切さとその本質がわかるトッ

プが背後に居ることは非常に心強い。私が非常に多くの技術面での新しい試みができたのは山下会長が全面的にバックアップをしてくださったお陰で、この方がおられなかったら、その半分もできなかっただろうと思う。ありがたいことに松田常務取締役にもいろいろバックアップしてもらった。

山下さんのもう一つの尊敬すべき点は旺盛な好奇心だった。ともかく新しいことには非常に関心がある。特に新しい技術については、そうだ。この方は日本ＯＡ協会（現ＩＴ協会）会長も務められていたので、特に情報技術には造詣が深く、とても私にはついていけなかった。

こんなお話をたまわったことがある。航空機の中でアメリカの技術者と仲良くなり、「海の中に柱を立てておくとやがてその柱の周りに海中の石灰分が付着して、石灰石の柱ができる。そうすることで、海中に基礎工事ができるというので、実際に事業化の研究をしている」と、このアメリカ人から聞いて、山下さんも同じような研究をさせているとのこと。山下さんは造船技師なので海のことに関心があるのはわからないではないが、私には荒唐無稽な話にすら思えた。

こんなこともあった。アイルランドのシャノンのアデア・マナーという古城ホテルで、アメリカン・エクスプレス社のロビンソン会長の主催による第１回世界旅行観光評議会（ＷＴＴＣ）が、３日間にわたり開かれた。集まったのは、アメリカン航空、ユナイテッド航空、英国航空、ヒルトン・ホテル、マリオット・ホテル、リージェント・ホテル、フォーシーズンス・ホテルなどのＣＥＯたち、本当にそうそうたるメンバーで、テーマは、世界の観光産業をいかにして発展させていくべきか、だった。ホテル、旅行エージェントだけでなく航空、鉄道など輸送機関も含めると観光産業は世界最大の産業であり、雇用者数も最大だという問題提起が非常に新鮮だった。日本から出席したのは山下会長と私、それに当時インターコンチネンタル・ホテル会長だった堤清二さんの3人だけ。

ホテルに到着した翌朝、山下会長は私に、

「山之内君、部屋の前に川が流れていただろう」

「はい」

「あの川にはちょっとした落差のある場所があったろう」

「はい」

ここまではよかった。

「そこに鷺が一羽片足で立っていただろう」

「すみません、気がつきませんでした」

「鷺はなぜあそこに居たかわかるかい」

「いえ」

「あそこには水が渦巻いているので、小さな魚が集まってくる。鷺はそこに片足で立ってもう一方の足で水をかき回して魚を集め、狙っているのだよ」

こうした凡人には気がつかないことにも興味を示される山下さんには、驚くほかなかった。

普段はにこやかで優しい方なのだが、いざ議論がポイントになると突然非常に厳しい指摘が出る。「スピードアップをしろ」「素晴らしい車両を造れ」などという次元の低い話ではない。その程度のことはすべて私どもにお任せで、もっと視点が高く、経営の根幹にかかわり、将来の技術の本質を見極められてのご指摘が多かった。前述した月次決算や情報システムのお粗末さについてもそうだった。JR東日本に来られて間もなく、「国鉄の技術は外から見ていてどうも怪しいと思ってはいたが、内部に入って見てこんなにひどいとは驚いた」と言われた時には、その慧眼にびっくりもした。山下さんは鉄道総合技術研究所の評議員会議長を務めておられたが、ある日、リニアの技術的な問題で論争となり、山下さんは鉄道総合研究所の当時の井深大《いぶかまさる》会長（元ソニー会長）に「鉄道はテレビ屋とは違う」と一喝なさって、井深さんも憮然とされたことは、後々までの語り草となった。

一方、住田さんのすごさは、その信念を曲げないという点にあった。ともかく経営の根本理念がしっかりしていて、ブレない。大事な時にはそれを監督官庁など外部に対してもはっきりおっしゃる。私どもの方がハラハラすることも少なくなかった。ともかく背筋がしっかりと伸びている。小細工などは一切なさらない。常に正攻法。そして細かいことにはほとんど口を出されず、すべて私どもにお任せ。こういうトップの存在はありがたかった。トップの責務はやはり信頼感と安定感、そしていざという時の決断、それだけでよいのではないかとも思う。会議などでは私などがよく喋るのを黙って聞いておられて、「そんなに喋ってくたびれないかい」と皮肉を言われたこともしばしばだった。

住田社長の経営方針は最初から明確で、「何よりもまず債務を減らせ」だった。「俺は運輸省時代に多くの海運関係の倒産会社の救済をやった。倒産した企業がまずなすべきもっとも大切なことは債務を減らすことだ」とおっしゃっていた。従って設備投資には大変厳しく、利用度の低い土地はすぐに売却して債務の償還に当てろと、常に厳しくおっしゃっていた。

率直にこれは国鉄時代の価値観と正反対。国鉄の、特に技術陣は設備投資に熱心で、極端に言うとそれが仕事、予算を多く取ってくる者が実力者と思われている感じすらあった。予算が増えれば仕事が増え、その部門の勢力と影響力、政治力まで強くなるだけでなく、発注先の企業に大きな顔ができるし、天下り先も増える。典型的な官庁的価値観の世界だった。資産についても、なるべく多く持っていたほうが企業は豊かになり、その存在感も大きくなると考えていた気がする。私は工事を発注する部門で勤務したことがないので、

住田正二・ＪＲ東日本初代社長

前者についてはやや批判的な意見を持っていたが、後者については同じだったと白状せざるを得ない。従ってこれは一種のカルチャーショックだったし、JR東日本が発足した当時は、「やりたいことができない」という不満を持つ者も少なくなかったのは事実である。

後述する上野駅プロジェクト、御茶ノ水駅プロジェクト、幕張の百貨店計画、安中榛名での住宅開発などについても、住田さんは常に慎重だった。決して最初から駄目とはおっしゃらない。まずプロジェクトに批判的な意見を出して、社内の様子を見ていて、ご自分も慎重に考えておられる。そこで無理に強行しようとすると明確な反対となる。上野駅がそうだったし、幕張の場合もそうで、事務方からは十分に採算がとれるという説明だったが、最後は私も現地を見に行って、あまりにも人通りが少ないのに驚き、反対意見に回った。「君もそう思うかね」と言われた覚えがある。

地元の保線区の社員の発案で始めた「GALA湯沢」スキー場の計画にも厳しかった。私たちは、新幹線からそのままスキー場へ行けるという発想が面白いし社員のアイデアも大切にしたい、新生JR東日本の新しいイメージ作りにもなる、と思って大いに乗り気になり、折からスキーブームの時代だったので実現したのだが、やはり経営は大変だった。バブル経済がはじけ、スキーブームが終わると惨憺《さんたん》たる経営状態となった。宣伝費としても高くつきすぎた。やはり住田社長の判断が正しかったのだった。

常磐新線についても住田さんの姿勢は厳しかった。絶対に出資には応じないという姿勢を一貫して貫かれた。「一部でも出資をすると失敗した時に責任を負わされる」と繰り返しおっしゃっていた。おそらく過去の多くのそうした実例を見られて、そうした信念を持たれたのであろう。当時、運輸省や東京都からの要望は強く、私も間に入って困惑したこともあったのだが、決して譲ろうとはしなかった。特にご出身の運輸省に対しては厳しかった。当然、運輸省からの住田さんに対する批判は強く「もう先輩とは思わない」という声も耳にしてハラハラしたものだった。

住田さんは合理化にも厳しかった。人員の合理化は破綻した企業を再建する際の基本でもある。特に、国鉄の労働生産性の低さは、前述した例でもわかるようにひどいものだった。84年頃だったと思うが、国鉄再建監理委員会の一行が新潟の現場を視察されるというので、急遽、運転局長だった私にご案内をしろという指示があって同行した。越後線の吉田駅を訪れた際に、当時の住田委員は駅長室に入られるなり駅長に「この駅の人員は何人ですか？」と質問された。駅長は「50人です」と答えた記憶がある。今この駅には7人しかいない（2007年10月1日現在）。国鉄の最後の頃にかなりの合理化を行い、42万人いた職員が民営化の際には28万人にまで減ってはいたが、他の民間企業と比較するとまだまだ人員合理化の余地は大きいと思っておられたに違いない。特に運転士の勤務にはかなりの問題意識を持っておられた。

実際の業務にはほとんど口を出されない住田社長にも数回、厳しく叱られた思い出がある。ある日、突然「山之内君、ちょっと来てくれ」と言われるので、何しろ同じ部屋のすぐ隣なのですぐにうかがうと、「山之内君、スピードアップはやめたまえ」。何か心に溜まっていた思いを吐き出すような言葉だった。

「社長、スピードアップは鉄道の技術者の夢です。だから新幹線も実現したのです」

「しかし、当社はもうスピードを上げる必要はない」

「お言葉ですが、これまでも列車のスピードを上げると確実にお客さまが増えています」

「ＪＲ東日本の新幹線と並行する仙台、新潟、盛岡への航空機の路線はない。そこでスピードを上げても、コストが増えるだけでお客は増えない」

これには返す言葉がなかった。その後１カ月ほどこの問題について考えてみた。確かに、当時の技術で一所懸命にスピードアップをしてみても、東京～仙台間の短縮できる時間はせいぜい５分程度。住田社長のおっしゃるように、それでお客さまが増える自信はない。とはいえ、スピードアップへの夢は捨て難い。いつまでもフランスのＴＧＶの後塵を拝しているのも面白くないし、世界一のスピードで走る新幹線が当時の国鉄職員の士気を大いに高めたことも間違いない。しかし、冷静に経営という視点で考えてみると、住田社長のおっしゃることが正しいと考えざるを得ない。単にスピードアップの問題だけでなく、技術開発は本当に経営という視点に立って行っているのか、という基本的な問題提起かなとも考えた。私自身も特に技術面での経営の責任者である。経営的に見れば住田社長のおっしゃることが正論だと認めざるを得ない。この頃から私も急激に、スピードアップにブレーキをかけるようになった。

住田社長のもう一つの経営ポリシーの基本は、支社の自主性と現場の重視にあった。そのため、支社長はすべて取締役とすることになった。国鉄時代は、本社の局長は地方の管理局長より一格上の存在であり、管理局の部長よりも本社の課長の方が偉かった。それがＪＲ東日本になって逆転した。

ある時、ＪＲ東日本に入社した大卒新入社員が現場で列車の運転をしたことが、法令違反だと問題になった。私自身も半年ほど、蒸気機関車、電気機関車、電車の運転をしたことがある。非常に貴重な経験であった。将来企業の経営を担う役職につくためには、できればこうした現場第一線の人たちと同じ仕事をした経験を持つ必要がある。実際にやってみないと、現場の社員の気持ちなどわからない。国鉄時代にはこれが当然の課程で、一応「機関士見習」という辞令をもらって運転をしていた。もちろん最初は素人なのでちゃんとしたプロの運転士が傍についており、運転をしても危険はない。国鉄は国営なので自らこうした辞令を出す権限を持っていたが、いったん民間企業となると、こうした見習い運転でも省令に定められた一定の要件が必要になる。しかし、国鉄時代からのこうした一種の実習運転をそのまま続けていた。

これが無免許運転だという問題になり、マスメディアでもかなり大きく取り上げられた。法令違反だと言われれば認めざるを得ない。全現場に対して、こうした事実があるかどうか正式に調査をした。ところが全現場からは全くそうした事実はないという回答が返ってきた。そんなはずはない。そこで、現場でこうした経験をしてきたばかりの若手社員に命じて事実を調べさせた。万一事実と違う発表をしてしまうと、後で大きな問題になる恐れを感じたからだった。

しかし、これが住田社長の逆鱗に触れた。

「現場長がないと言うなら、そのように言うべきだ。裏から調査をするとはけしからん」

「しかし社長。これは絶対にありますよ。もし事実と違うと大きな問題になりますよ」

「その場合には、嘘の報告をした現場長を処分すべきだ」

原則は住田社長のおっしゃるとおり。あくまでも現場の意見を大事にし現場長の言うことを尊重せよ、本社が余計な介入をするなという現場第一主義の考え方からのご意見だということはわかっていた。しかし、もしそのとおりにやれば、必ずや現場長は「本社だって知らないはずはないのに現場だけに責任を押し付けた」と反発し、現場が本社に対して大きな不信感を持つだろうと私は恐れた。だから私はこの時には、あえて住田社長の指示には従わず、調査を強行したのだった。

調査した結果は案の定、相当な数のこうした法令違反といえる事実があることが明らかになった。住田社長は憤然とされて「本社の、部長などの責任者を処分せよ」との厳命が下った。

山下会長は新しいことに積極的に興味を示され、採算のことにはあまりこだわらない。ところが住田社長は厳しいほど採算にこだわられる。このお二人の存在が絶妙の組み合わせで、非常にＪＲ東日本の経営にうまく機能した。

山下会長と住田社長の、こうした現場を大事にするという考え方と、そのお人柄はすぐに現場の末端にまで浸透する。ＪＲ東日本の大部分の社員はお二人を信奉していたと思う。仮に権力主義者が最初のトップに就いていたら、ＪＲ東日本は全然違った性格の会社になっていたと思う。ＪＲ東日本はそのスタートの大事な時期に、トップに恵まれたのだった。

第3章　まず安全、そして近代化とデザインの革新をめざして

自動改札の導入

ＪＲ東日本が発足した頃に「３Ｋ」という言葉がよく使われていた。「汚い、きつい、危険」な仕事のことで、それを何とかしないといけないという気運が産業界に広がっていた。ＪＲにはこうした仕事がたくさん残っていた。その一つが改札の仕事である。改札係は寒い日も風にさらされてあの狭い場所に立って、たくさんのお客さまの切符や定期券をチェックしなければならない。その改札係の仕事というのはお客さまの切符や定期券が有効なものかどうかチェックすることと、一度使った切符には使用済みという証拠に鋏《はさみ》を入れるだけ。こんな簡単な作業すら自動化できないようでは技術企業として恥ずかしいとも考えた。

その頃、ある駅を訪れると、駅長さんから「お客さまの暴力に困っています」という話が出た。改札係やプラットホームで勤務している社員がお客さまに何か注意でもすると、罵倒されたり、

暴力をふるわれたりする。「特に、夜の酔客には手を焼いてます」ということだった。その後、ある駅の社員がお客さまに股を蹴られて男性機能を喪失するという事件まで起きた。現実は「お客さまは神様」ではなく、駅員にとってお客さまは、時として危険な敵なのであった。これではとても「お客さま第一」などと言っても空念仏になってしまう。しかしそれが現実であった。

他のサービス企業ではどうなのだろうか。百貨店やホテルなどに尋ねてみると、やはり同じような悩みがあることがわかった。お客さまから怒鳴られたり、万引きの時などの対応に苦慮しているという。中には「BC（BAD CUSTOMERS――悪い顧客）対応研究会」というグループをつくって、お互いに対応方法を相談し合っているところもあった。悩みは同じだった。しかしこうした業界では悩みを表には決して出さず、丁寧にお客さまに対応されている。われわれも何とかしていかなければならない。

お客さまへの対応に最も苦しんでいる職場のひとつが、駅の改札だった。もう今ではあまり見られなくなったが、かつては駅の改札口には各通路に改札係が、通り過ぎて行くお客さま（当時は乗客と言っていた）の定期券や乗車券を目で見てチェックしていた。私も国鉄に入社早々、新宿駅で数日間だけだが実際にやってみたことがある。当時は鋏で切符を切っていたので、その時に乗車券に目を通すことはできた。しかし短時間の間に乗車区間、有効期間などをきちんとチェックすることは、素人の私には難しかった。それだけではなく、1時間もすると鋏を持っている右手の指が豆だらけになってしまった。ところがプロの改札係は、まるで遊んでいるかのように

以前の改札口

カチャカチャと常に鋏を動かしながら、スムーズに処理している。こんなところにもプロのすごさを感じたのだった。定期券になると、もう私の手には負えなかった。大勢の乗客が目の前で定期券をちらっと差し出して通り過ぎていく。そのわずかな瞬間に、定期券の乗車区間、有効期間、大人用か子供用かなどを見分けることはとうてい不可能だった。そこでベテランの改札係に「とてもわかりません」と言ったところ、「あたり前だよ。いちいち定期券を見るのではなくて、顔と態度を見ればわかるのさ」と言ってくれた。

大変きつい仕事なので、1時間すると休憩。この時の話題は、いかにして不正乗車を見つけたかとか、乗客と口論になった話。要するに改札係にとっては、乗客は悪いことをするという存在なのである。それもそうだろう、この人たちの使命は不正をする乗客を見つけることなのだから。こうした職場で「お客さま第一」と言ったところで、空念仏になるのは当然ともいえる。こういう職場はなくさなければならないと思った。

関西の鉄道では、かなり早くから自動改札は普及していた。阪急電鉄では１９６７年にまず北千里の駅に自動改札を導入し、70年代の初めには、ほぼ全駅が自動改札になっていた。他の民鉄もこれにならって、80年代にはほぼ関西の全民鉄に自動改札が普及していた。ところが関東ではほとんど実現していなかった。

改札を自動化するためには、駅に自動改札装置を入れるだけではなく、定期券、乗車券を自動改札用に変更しなければならない。定期券、乗車券の裏面に磁気記録機能を持たせて、乗車区間、有効期間などの情報を入れ、自動改札装置がそれを読み取れるようにしておかなければならないのである。もし乗車した駅に自動改札用の乗車券等を発行する装置がない場合には、自動改札機のある駅で出ようとしても自動改札装置は通してくれない。従って本格的に自動改札を実施しようとすると、全線あるいはかなり広い範囲の駅に一斉にこうした装置を設備しないと、あまり意味はない。

関西の各民鉄はネットワークが自社線でほぼ完結しているし、駅数も国鉄に比べれば桁違いに少ない。全線の自動改札が比較的容易にできるのである。ところが関東ではそうはいかない。民鉄各社の路線はある程度完結しているが、肝心の東京都心に入る路線がないため、国鉄か、地下鉄の路線を利用せざるを得ない。例をあげると、東急線で来られたお客さまの多くは、山手線か地下鉄で都心部へと向かう。東急だけで全線に自動改札装置を導入しても、乗り換える国鉄や地下鉄の駅にはその機能がないので十分には役に立たない。関東に自動改札が普及しなかったのは、極言すると国鉄が自動改札にしなかったからである。

　国鉄もまったく無関心だったわけではない。５０００カ所以上もある国鉄の駅の全部を自動改札にすることなど不可能に近いし、地方の駅のお客さまの数は少ないので、高額な自動改札装置を導入すること自体不可能に近い。そこで70年代に、武蔵野線と関西の片町線などに自動改札装置を試験的に導入した。しかしこれはまったくうまくいかなかった。それはそうだろう、この両線内だけを利用するお客さまはわずかなもので、多くの方は他の線に乗り換える。そしてそこには自動改札装置はないし、駅の券売機で発売している乗車券には自動改札機を通れる磁気記録はついていない。そうした駅から切符を買ってこられたお客さまは、自動改札機では通れない。駅は混乱状態となり、ついに混乱を避けるために磁気記録のない乗車券でも自動改札機を通れるようにせざるを得なくなった。これでは自動改札の効果はなく、無賃乗車を奨励しているに等しい。この結果、「国鉄のような広いネットワークを持つ鉄道では自動改札は無理だ」というのが常識になってしまっていた。

　私はこの常識に再挑戦してみようと考えた。まず最もお客さまの多い山手線を中心としたある程度の範囲内の全駅に自動改札機を入れればなんとかなるのではないか。その範囲内を利用されるお客さまが圧倒的に多く、その区間外から来られるお客さまには改札係のいる通路を通っていただければいい。必ずしも十分な自信はなかったがあえて挑戦することに決めて、鉄道事業本部の会議で指示したのだが、一向に具体的な計画が役員会に出てこない。おかしい、と思って調べてみたところ、課長会議でストップしたままだということがわかった。こうした大きな規模の投資を必要とする案件はまず課長会議で中身を議論し、そこで合意が得られれば次に部長会議に掛け、役員会に出すことが恒例になっている。それが課長会議で止まってしまっていたのだった。

理由は簡単で、ある課長が「投資効果がない」という理由でストップをかけていた。自動改札装置を導入するために必要な投資額に見合うだけの合理化効果があるかどうかが、議論の焦点だった。これは決して間違った意見ではない。ただあえて言えばやや単細胞的な見方なのである。すでに述べてきたように、私が自動改札の導入を考えたのは、単に人員の合理化を目的としたものではない。企業の近代化のシンボル、あるいは社員にとって残しておかない方がいい仕事はやめようという考え方が基本にある。合理化効果は極言すると付帯的な効果とすら考えていた。

この問題をどうするか。強引にやるとうまくいかない。そこでなにか良い知恵はないかと考えていたら、家のベッドで寝ている時に、一つのアイデアが頭に浮かんだ。

自動改札にすれば不正乗車（キセル）を防げるのではないか、と。

「キセル」という呼び方はお客さまに対して失礼なのかもしれない。しかし、私が国鉄に入社する以前から、すでに世間一般に通用していた言葉で、日常茶飯事のことだったと言ってもよいだろう。「キセル」を防ぐというのはサービスの低下でもなんでもない。払うべき正規の運賃を払ってもらうのだから、当然のことだし、それを放置すること自体、企業経営者が怠慢だと言われても仕方がない。社会全体のモラルとしても放置しておくのは好ましいとは言えない。それではどうすれば「キセル」を防げるか。

「キセル」には大別すると、三つのパターンがある。

第一は、たとえば大宮〜東京間の定期券を持っていて、週末に鎌倉へ遊びに行き、降りる時には乗り越し運賃を払うが、帰りには鎌倉からの最低運賃の切符を買って、降りる時には定期券で降りる。このタイプが圧倒的に多く、比較的罪の意識の少ない「キセル」であろう。

次は、本格的な不正乗車で、同じ区間を例にとると神田〜東京間の定期券を買っておいて、大宮駅では入場券で入り、下車する時はこの定期券で東京駅を出る。帰りはこの定期券で東京駅から乗車して、大宮駅では朝買った入場券で駅の改札口を通る。

第三のパターンは大宮〜与野間の定期券と神田〜東京間の2枚の定期券を買っておいて、乗る時と、降りる時とこの2枚の定期券を使い分ける。両側にお金の部分があって、途中が抜けているので、これが構造的に本当の「キセル」と呼んでよいのだろう。このタイプは宇都宮〜東京間のような長距離のお客さまに多く、不正乗車が見つかって多額の罰金を払わされた例も少なくない。鉄道公安官が不審なお客さまを見つけると、かなりの期間このお客さまの行動を追跡して、不正乗車を摘発したもので、それはものすごい苦労だった。

それではどうすればこうした「キセル」を防ぐことができるのか。まず、第二のパターンは、入場券で駅に入ってから、出るまでに異常に長い時間が経っていることになる。従って、入場券に一定の有効時間を記録させておいて、それを超えた場合には無効にすればよい。そこで試みに川越駅（埼玉県）でこの方式をテストしてみた。すると、やはりかなりの異常な利用が見つかった。そこで、各駅の入場券はすべて2時間程度のみ有効になるようにした。

第一と第三のパターンに共通していることは、下車駅で降りる時の定期券では乗車する際に改札口を通っていないことに注目した。そこで、有効区間内の駅で入場した記録のない定期券は無効にすれば、こうした不正は防げる。自動改札用の磁気記録を持った乗車券や定期券では、こうしたことは容易にできる。

それではいったい不正乗車でどのくらいの損失があるのだろうか。JR東日本では企業の最終的な意思決定をする常務会のほかに、重要な問題について役員が自由に意見交換をするフリーディスカッション会議（FD）があり、その会議にこの話題を出してみた。意見はかなり分かれたが、大体1年間で300億～400億円ぐらいだろうという意見が多数だった。住田社長は「1000億円ぐらいでは」とまでおっしゃった。これは大きい。一年限りではなく、毎年のことなのである。しかも売上ではなく、利益としての損失なのである。

そこで試しに、渋谷駅で発行した最低運賃の切符がどのくらい行方不明になっているか調査してみると、何と80パーセント近くが行方不明だということがわかった。この数字から類推するとやはり、損失額は少なくとも毎年300億円ぐらいにはなる。これを単純に5パーセントの純益としてみると、6000億円の売上がなければ発生しない計算になる。言い換えれば6000億円の売上が毎年失われているわけである。この話をある方にお話ししたところ「おたくは何とも大らかな会社ですね」と言われた。ちなみに、最近トヨタがロシアに建設した新工場の建設費は230億円とのこと。それを上回る金額が毎年失われていたわけだ。

この利益を計画に入れると、自動改札プロジェクトは十分に採算がとれる。課長会議での反対意見は消え、間もなく常務会に提案が上がってきて、直ちに実施することに決まった。しかし、具体的にどういうシステムを採用し、どのようにやればうまくいくのか、難しい問題だった。阪急電鉄が自動改札を実施してからすでに20年も経ち、その間の各分野での技術革新はめざましい。いまさら同じ技術システムを採用するというのでは、いくらなんでも恥ずかしい。JR東日本が採用する予定の自動改札装置の機能と機構は、技術的にかなり進歩したものだった。当時すでに現在のSuicaと同じような無線技術を利用した非接触式のカードの開発も進んでいて、実際にJRでも実用化をめざしたテストを行っていた。

いきなりこの技術を採用すべきかどうか。万一大きなトラブルが起きると、ラッシュアワーに大混乱が起きる可能性がある。とても、非接触式のカードでうまくいく自信はなかった。まず国鉄時代に武蔵野線で無残な失敗に終わったという苦い経験がある。今回もJR東日本では関西の民鉄のように最初から全線を自動改札にすることなどは不可能だ。一部の区間に限定して実施しなければならない。そうすれば当然自動改札機を使えない乗車券がかなり残る。そのための混乱は避けねばならない。もし、自動改札装置が故障したりすると大混乱になりかねない。できるだけ冒険は避けねばならない。

新幹線を実現する際に、当時の島秀雄《しまひでお》技師長が「実証済みの技術だけを使え」とおっしゃった言葉が頭をよぎった。非接触式自動改札カードはまだ技術的に実用化するには問題がありすぎたし、カードのコストも非常に高かった。残念ながら非接触カードは今後の検討課題とし、今回は旧来の磁気接触式を採用することに決め、そこにできるだけ新しい技術を導入することにした。自動改札装置を導入する区間は第一段階として最もお客さまの多い山手線内とすることに決め、順次周囲の線区に広げていくこととした。

90年にいよいよ工事が完成し、使用開始する日が来た。正直なところ私は心配でならなかった。関西の民鉄ではもう長年使用してはいたが、関西と東京の新宿や池袋などとではラッシュアワーの混雑がまるで違う。自動改札装置自体もその後の技術の進歩により関西の民鉄が採用した頃と比べると、構造もかなり変化し機能も高度化していた。機械の故障も心配だったが、それだけでなくお客さまが自動改札の利用方法がよくわからないための混乱の心配と、それまでは定期券を駅員に見せるだけでスムーズに通れたのに、自動改札機を通るためには定期券をいちいちケースから出さなければならない。そのために当然改札口の人の流れは悪くなる。

そこで、改札口の数を大幅に増やし、各駅に案内のための社員を総動員した。自動改札を通れない乗車券や定期券を持っておられるお客さまのために、改札係のいる通路も設けた。事実、定期券をいちいちケースから取り出すのが面倒だという苦情はかなり多かった。それを理由に自動改札装置ではなく、改札係のいる通路を通るお客さまも少なくなかった。

「キセル」防止機能は、最初のうちは混乱を避けるためにストップしておいた。ただでさえ、定期券をケースから出さねばならないことに対して自動改札に不満のある方がおられるのに、この機能を同時に実施すると、不正を発見された時のお客さまとのトラブルのために大混乱になったりして、駅の社員に大変な負担がかかると思ったからである。自動改札がほぼスムーズになった頃に、慎重にこの機能を使いだした。定期券の裏にある磁気記録には多くのデータを記録できるので、その日の改札口通過記録は残しておくことができる。そこで最初は、ある回数以上改札機で入場した記録のない不審なデータのある定期券だけを、不正乗車と判断してストップすることにした。そして、「どうも、自動改札機では不正乗車がわかるらしい」という噂が広まるのを待って、この不正発見回数の限度を少なくしていった。

自動改札にすると不正乗車ができなくなるということには文句は言えないが、改札口を通る時にいちいち定期券を出さなければならない不便さなどを理由に不満が爆発するという心配をした。そのためには自動改札になると便利になったという機能も同時に入れておいた方が良い。そこで採用したのが「イオカード」である。これは一種のプリペイドカードで、一定の金額のカードを買っておけばその金額の範囲内なら利用するごとにカードから運賃が減額される仕組みで、いちいち乗車券を買わずに直接カードを改札機に投入すれば通ることができる。これは私のアイデアではない。1975年頃に、私は仙台の地下鉄の自動化研究委員会の幹事をしていた。その時に

現在の自動改札口

アメリカのサンフランシスコの新しい都市鉄道の「BART」がこうしたシステムを採用していることを知り、仙台にまず導入することを検討したのだったが、結果的に採用されなかった。この時の知識が役に立ち、同じような機能を持つカードとして採用したのが、このイオカードだった。事実、このカードは人気商品になった。

　こうして最初の難関を乗り越え、自動改札は順次首都圏の各線に広がっていった。するとある日、大宮市長がお見えになった。さては自動改札への反対かと身構えていたところ、「ぜひ、一日も早く大宮にも自動改札を入れてほしい」とおっしゃる。「なぜですか」とうかがうと、「駅に自動改札のない町は二流の町だと思われるから」と言われた。このお話があってから間もなく新幹線にも自動改札を導入した。それによって自動改札装置は、乗車券や特急券の有効チェックだけでなく何号車の何番の座席のお客さまが通られたかわかる。その情報を瞬時に車掌が持っている携帯端末に無線伝送することができるので、車掌はこの端末を見れば所定の席に座られているお客さまがわかる。そうしたお客さまには車内検札をする必要はなくなった。従来とかくお客さまから「わずらわしい」というご意見のあった車内検札が、こうして省略できるようになった。

ＪＲが自動改札の導入に踏み切ったことで、首都圏の各鉄道企業も一斉に自動改札を導入するようになった。やはり、国鉄が自動改札をしなかったのが、首都圏の鉄道に自動改札が普及しない原因だったのだ。社内に冷ややかな雰囲気もあった中で、このプロジェクトの実現に最も努力してくれたのは、旅客設備課の機械グループのリーダーだった鈴木《すずき》勝美《かつみ》氏と営業部サービス課長の小縣《おがた》方樹《まさき》氏である。

東中野事故と新型ＡＴＳの整備

ＪＲ東日本が発足した翌年の88年12月５日、朝のラッシュアワーが終わった頃に、中央線の緩行電車が赤信号を無視して東中野駅に進入し、駅を発車しようとしていた電車に追突した。事故の状況はすさまじいものだった。追突した電車の先頭部分は前の電車の後部に食い込み、運転室は完全につぶれている。後続の車両も追突した時の衝撃で、それぞれ前の電車に食い込んでいる。愕然とする惨状だった。運転士は死亡、残念なことにお客さまのお一人も亡くなられた。

即刻、住田社長に現地に行っていただき、私はマスメディアや運輸省などとの対応にあたった。こうした事故の際にはいつも、現地の詳細な状況がすぐにはつかめずに困惑する。当時は前述したように指令センターの情報装置がまだ非常にお粗末だったので、マスメディアからは事故状況を知らせるように厳しく責められるが、正確な状況がなかなかわからず本当に困った。その夜は亡くなられたお客さまのお通夜でお詫びをするために、御殿場の近くのお宅まで急行したのだが、家の中に入ることは許されなかった。門前で深く頭を下げてお詫びとご冥福を祈るしかなかった。

国鉄時代からいろいろな安全対策を実施することによって年々事故は減少していたとはいえ、国鉄民営化の直前の頃でもまだ、ほぼ毎年のように大事故が起きていた。

1984年10月　山陽本線西明石駅での特急列車「富士」の脱線転覆事故
1985年7月　能登線でのディーゼル列車の転落事故（死者7人）
1986年12月　山陰本線餘部鉄橋からの旅客列車転落事故（死者6人）

従って、いつ大事故が起きるかもしれないという心配を、JR東日本が発足した時から心に抱いていた。心配していたことが現実となったのだった。事故の翌日の記者会見で早速この事故への対策を発表した。

——運転関係現場の安全体制について総点検を行う
——新型ATSの整備を加速し首都圏の全線に設置する
——安全研究所を新設する

実はこの対策は、事故が起こった時に備えてあらかじめ頭の中に考えてあった。過去の経験から、大事故が起きるとすれば、運転士が赤信号で停まらずに他の列車に衝突する事故である可能性が一番高いと思っていたからだった。

この事故が起きる前に、予兆ともいえるニアミスが起きていた。この年の7月に、上野駅に到着する特急列車が赤信号を無視して駅に進入し、ちょうど出発しようとしていた常磐線の普通電車と危うく衝突しそうになった。その報告はすぐに安全推進委員会に報告され、担当部門からは「運転士に厳重に注意し、再教育を徹底します」と言うので、私は「そんな精神論だけでは、また同じような事故が必ず起きる。この際に新型のATS-P型を整備しなければ駄目だ」と強く命令した。その結果、9月の常務取締役会に新型ATS-P型を整備する計画が提案され、すぐに実施することを決定していた。その直後に起きた事故だった。国鉄時代にこの装置の設置を決めておけば防げた事故だった。

西明石で起きた特急「富士」の脱線事故の際に、この新型ATSの導入を希望したのだが、経理部門が認めようとはしなかった。そこでやむを得ず、夜中に夜行特急の走る大阪付近の西明石のほかに、同じようなミスが起こりやすい3駅に新型ATSを設置しておいた。こうしておけば万一同じような事故が起きた際に、あれをやれということになるだろうと考えたからだった。

東中野事故についての一連の記者会見が終わった時に、偶然、当時の『東京新聞』の記者と階段ですれ違った。彼は私に「もし貴方が9月の常務会で新型ATSの設置を決めていなかったら、もっと徹底的に貴方の責任を追及していたよ」と語ってくれた。

国鉄は62年の三河島駅（常磐線）での大事故の後に、全線に自動列車停止装置「ＡＴＳ-Ｓ型」を設置した。このＡＴＳ-Ｓ型は列車が赤信号に近づいた時にブザーが鳴るだけで、もし運転士が漫然と何の操作もしなければ確かに自動的に非常ブレーキが動作して列車は急停車する。しかし、この装置には確認ボタンが付いていて、ブザーが鳴ってから5秒以内にこのボタンを押すと、もう緊急ブレーキは一切動作しなくなる。ブザーによって運転士の赤信号への注意力を高めるのが目的だったのだが、特にラッシュアワーの首都圏の電車では、頻繁にブザーが鳴るので運転士は反射的にこの確認ボタンを押す。注意を喚起するという効果はほとんどないと言っても過言ではないのが現実だった。そうではなく、赤信号の手前の決まった場所で列車の速度をチェックして、速度が高すぎる場合には自動的に非常ブレーキをかけるのが本来のＡＴＳの持つべき役目なのだがそうした機能は持っていなかった。

その後ＡＴＳなどを採用した民鉄の多くは、こうした本来のＡＴＳの機能を持つ装置を導入した路線が多かったが、ほとんど電車だけが走っている民鉄とは違って、国鉄の多くの路線では電車列車だけではなく、機関車が牽引する客車列車、一本一本が重量の異なる貨物列車が走っていて、列車ごとにブレーキの性能が違う。その当時の技術では、各列車のブレーキ性能の違いを勘案し、危険の度合いを判断して自動的に非常ブレーキをかけることは、まだ難しかったし、この簡単なＡＴＳ-Ｓ型を全線に設置するだけでも、１６３億円という当時としては巨額な設備投資を実施しなければならなかったので、資金的にも限界だったと思う。

それでもこのATS-S型の設置によってこうした事故は大幅に減った。しかし、その後新宿駅での貨物列車同士の衝突によるタンク車の炎上事故、御茶ノ水駅での電車追突事故などこのATS-S型の弱点を突くような大事故が起きるようになった。さらに、73年に関西本線の平野駅で速度を落として側線に入る予定の電車の運転士が、まっすぐに本線へ入ると勘違いしてスピードを落とさずに駅に入ったため脱線転覆し、3人の死者と156人の負傷者を出すという大事故が起きた。この時にはATS-S型の機能を多少追加するという当座しのぎの対策しか講じなかったが、この頃からATS-S型に代わって、危険な時には単に警報を鳴らすだけではなく、きちんと自動的に列車を停められる新しいATSの開発が本格化した。

この頃には小型コンピュータの技術が進歩していたので、一種の小型コンピュータを車上に搭載し、停止しなければいけない信号機や速度を落とさなければいけない分岐器に接近すると、ある地点からこのコンピュータが動作を始め、その列車のブレーキ性能に合わせて速度が高すぎて危険だと判断すると自動的に非常ブレーキを動作させる。この新しいATS-P型ではもう、運転士がボタン操作で非常ブレーキを解除することはできない。これを導入すれば新幹線や山手線、京浜東北線などで使用しているATCにほぼ匹敵する安全性を実現できる。このシステムの導入は安全や信号を担当する部門の悲願だったのだが、前述した理由で国鉄改革までは実現できずにいた。

私は、ＪＲ東日本が発足した直後からこのＡＴＳ‐Ｐ型を導入する機会をうかがっていた。そこへ上野駅でのニアミスが起き、すぐにこのＡＴＳ‐Ｐ型をまず中央線、常磐線などに導入することを決定した。

ＪＲ東日本は首都圏の全線にＡＴＳ‐Ｐ型を導入したものの、技術的な理由もあって、曲線の速度超過を防止する機能は一部の区間にしかついていなかった。貨物列車ではそうした事故が起きてはいたが、電車が曲線で速度超過のために大事故になったという経験はなかったからだった。２００５年に起きた尼崎事故の後直ちに、危険な曲線には速度超過による事故を防ぐ機能を付ける工事を進めている。同時に、ほぼ全線に古いＡＴＳ‐Ｓに代わる新型のＡＴＳ‐Ｐ型を設置することを決定した。

本格的な安全対策の樹立をめざして

東中野駅での事故は大変残念だったが、ＪＲ東日本が発足して間もなくこうした事故が起きたということは、「安全こそ鉄道企業の原点だぞ」という神の警告ではないかと思った。この事故の処理が一段落した頃に、本格的な安全体制の整備に取り組んだ。

まず、作成したばかりの安全のマスタープランの内容を具体的なものにし、実際の行動としていかねばならない。このマスタープランの作成の過程で、過去20年間の大きな事故を分析した結果、「停止信号で列車が停車しなかったために起きた事故」「踏切事故」「線路の保守作業の際に起きる事故」「火災事故」が大事故の多くを占めていることがわかった。

この分析を基にして「安全重点投資計画」を作成した。89年から5カ年間の間に、4000億円を投じて、この大事故につながる4大テーマを中心に安全設備の整備を進めることにした。この安全基本計画の作成は、画期的なものだったと思う。国鉄時代にも、経営全般にわたる基本計画を作成し、その中に安全が最大の課題の一つとして取り上げられたことはあったが、安全だけに的を絞った長期計画を作成したことはなかった。JR東日本がまず安全を経営の最大のテーマとするという意思を具体的な形で示したと同時に、過去の、とかく精神主義一辺倒になりがちだった安全対策からの脱却を目指したものだった。

この安全重点投資計画はその後「安全基本計画」として、5年ごとに新しい計画を作成し、安全の基本方針として、この方針に沿って具体的な安全対策を実施に移している。

こうした安全に対する気運を盛り上げ、その輪をさらに大きくしていきたいし、広く世間でもJR東日本の安全に賭ける意気込みを知ってもらいたい。そのため、90年にJR東日本が主催し、運輸省の後援もいただいて第1回「国際鉄道安全会議」を開催した。幸いこの試みには多くの国に賛同していただき、その後各国の持ち回りで、毎年開かれるようになった。2002年には再び日本で開催し、21カ国の安全の専門家が集まった。

また、海外の鉄道の安全関係者を集めるならば、その前にまず日本の多くの鉄道の安全の専門家が集まって安全問題を討議する場があっても良いのではないかと考えて、「鉄道安全シンポジウム」の開催を提案した。しかし残念ながら、この試みに賛同してくださる鉄道企業はほとんどなかった。私たちが先走りしすぎたのかもしれないし、誤解があったのかもしれない。それならばやむを得ない。当社の社員と関係企業、さらには労働組合のメンバーも含めて安全問題について皆が心を一つにして語り合うために、同じくこの年に「鉄道安全シンポジウム」を開催し、その後も毎年開いている。こうしたいろいろの場を通じて本音で安全を語り合うことが、通り一遍の会議や訓示、あるいは形式的な行事よりもはるかに、企業の中に安全を大切にする風土が生まれると考えたからだった。本社だけではなく、各支社でも同じような安全について語り合う場として「安全フォーラム」を始めた。06年、私も秋田支社の安全フォーラムに招かれて、率直な意見を申し上げたが、このフォーラムは大変真剣な雰囲気であったので、非常に感激した。

国鉄時代に、日本での鉄道と自動車の安全と技術問題の第一人者である井口雅一《いぐちまさかず》東京大学教授から大変心に残るお話をうかがったことがある。この方は、はからずも同じ大学の同じ研究室の1年後輩にあたる。

「山之内さん。トヨタが世界のトヨタになれたのは、残念ながら東京大学の卒業生の力ではありません。あれは豊田高専の卒業生の力なのです。トヨタでは現場の第一線で働いているこうした人たちが、毎日100件以上の業務改善提案を出しています。それを20年間続けた結果、今のトヨタがあるのです。それがないのが国鉄の悲劇ですね」

これには返す言葉がなかった。トヨタにはとうてい及ばないにしても、こうした現場の第一線で働いている人たちにいろいろな疑問や、こうしてほしいと思っていることがたくさんあることは、現場にいた時に実感している。それがほとんど企業の経営陣には届いていないし、現場の人たちも半ばあきらめているのが、残念ながら当社の実態だと認めざるを得ない。国鉄が民営化してJR東日本となり、到底すぐにトヨタのレベルに達することは無理だとしても、何とかこうした風通しの良い企業風土はつくれないものだろうか。そこで、現場第一線の社員の安全に対する率直な意見や「ひやり、はっと」の体験を語れるようにするために、88年から「チャレンジセーフティー運動」（CS運動）を始めた。

この運動を開始してまだ間もない頃、感激したことがあった。夜の11時過ぎに仙台の運転士の職場を訪れたところ、一人の運転士が掲示板を見ながら一所懸命にメモを取っている。「何を書いているの」と尋ねると、「私は上野の乗務員です。この仙台の安全運動は私たちにも大変参考になるので、写しています」と語ってくれた。本当に嬉しかった。

次に東中野駅での事故の対策として発表した、安全研究所を新設した。こうした研究所が必要ではないかと国鉄時代から考えていた。国鉄をはじめ、ほとんどの運輸企業は「安全第一」をモットーにしている。だが本当にそうか。私は安全を担当する部門に長く勤務していたが、トップマネジメントが本気で安全のことを真剣に考えているとは、とても思えなかった。もちろん安全についてはほとんどの人が心配をし、心にもかけてはいるが、そこから一歩も出ていない。事故が起きるたびにその原因を詳細に調査し、一応の対策は講じる。ただその対策がおざなりで、「けしからん、職責をわきまえてきちんとした仕事をやるように指導しろ」というお叱りと、「きちんとした作業をやらせます」という答弁で終わっている場合が多かった。これではいくら真剣に事故の内容を勉強しても何の役にも立たないのではないか、という疑問だった。

航空界には、当時国鉄の安全委員だった長野英麿《ながのひでまろ》さんという日本航空の優秀なパイロットをはじめ、黒田勲《くろだいさお》さんという安全の専門家もおられた。ホンダには安全研究所があるということも知った。しかし「国鉄にはこれといった安全の専門家はいないし、そのための組織すらない」という事実に、これではいけないのではないかと思ったものだった。

安全が本当に鉄道企業にとって大切ならば、当然、安全を専門に研究する組織があるべきではないのか。日常的に起きる事故の対策に追われるのではなく、安全問題の本質を研究し、多くの事故のデータを分析して危険を予知し、ヒューマンエラーの防止対策を研究し、さらに新しい安全装置の開発もやってほしい。その中から鉄道を代表できる安全のエキスパートも育つのではないかと考えて、安全研究所を作ったのだった。

国鉄には強力な技術研究所があり、多くの分野について基礎的な学問的な研究を行っていて、新幹線の建設の際には大きな貢献もした。しかし国鉄民営化の際に、この研究所は別組織となり、新しく発足したＪＲ東日本には技術研究部門はまったくなかった。これでは困る。鉄道企業は製造業とは違って、基礎的な学問的研究よりも現実の列車の運行や保守作業、各種工事などと密接に関連した実用的な研究の方がむしろ重要なのである。こうした研究部門のない企業では技術の進歩は期待できない。何とか自分の研究所をつくりたい。安全研究所には、そのための第一歩という意味もこめた。その当時の松田常務取締役も同じような問題意識を持っていて、彼の提案でさらに現場の作業に密着した研究を行う組織として「テクニカルセンター」も同時に発足した。

安全性は幅広い物心両面にわたる努力の積み重ねと、たえず社内の安全を脅かす危険な事象を取り除く努力の継続によって向上していく。大変地味ではあるが、着実にそして戦略的に対策を講じていけば事故は必ず減る。事実、20年間のこうした努力の結果、ＪＲ東日本の鉄道運転事故は約3分の1に減った。しかし、２００５年12月には、風の強い日に羽越本線で特急列車が脱線転覆するという大変な事故が起きているし、他にも、あわやという危険な事故も起きている。事故の卵とでもいうべき現象も少なくない。こうしたいわば事故の予兆を真剣にとらえて、大事故を防いでいかねばならない。安全は鉄道企業にとっての最大の、根源的な、そして永遠の課題なのである。

安全対策は、精神論と現場の締めつけだけでは本当の、そして万全な事故の防止などはできない。人間は誰でもミスをする。社長でもミスをするだろう。それが人間なのだということを再認識しなければならない。何千人の社員のミスを精神論だけで防げるというのは幻想に過ぎないし、この程度の安全思想の持ち主だとすれば、鉄道企業の経営者にはふさわしくないとすら思っている。

死傷者の発生した鉄道運転事故

【国鉄末期5年間】

	発生場所		事故種類	会社名	発生日時	死亡				負傷			
						乗客・旅客	公衆	係員	合計	乗客・旅客	公衆	係員	合計
1	外房線	八積～茂原駅間	列車脱線	国鉄	1984年3月30日			1	1	60	1	1	62
2	山陰本線	東松江～松江駅間	列車脱線	国鉄	1984年7月21日	1			1	18	2	1	21
3	能登線	古君～鵜川駅間	列車脱線	国鉄	1985年7月11日	7			7	25		4	29
4	山陰本線	鎧～餘部駅間	列車脱線	国鉄	1986年12月28日		5	1	6		3	3	6

【JR民営化後20年間】

	発生場所		事故種類	会社名	発生日時	死亡				負傷			
						乗客・旅客	公衆	係員	合計	乗客・旅客	公衆	係員	合計
1	中央本線	東中野駅構内	列車衝突	東日本旅客鉄道	1988年12月5日	1		1	2	116			116
2	桜井線	長柄～天理間	列車脱線	西日本旅客鉄道	1989年11月7日		1		1	19		2	21
3	高徳線	木太町～栗林間	踏切障害	四国旅客鉄道	1990年1月8日	1			1	12			12
4	田沢湖線	盛岡～大釜間	踏切障害	東日本旅客鉄道	1990年10月30日		2		2	8			8
5	信楽線	小野谷信号所～紫香楽宮跡間	列車衝突	信楽高原鐵道	1991年5月14日	37		5	42	625		3	628
6	成田線	久住～滑河間	列車脱線	東日本旅客鉄道	1992年9月14日			1	1	88	1	1	90
7	指宿枕崎線	瀬々串～中名間	踏切障害	九州旅客鉄道	1995年1月26日		2		2		13		13
8	福知山線	尼崎～塚口間	列車脱線	西日本旅客鉄道	2005年4月25日	106		1	107	562			562
9	羽越本線	北余目～砂越間	列車脱線	東日本旅客鉄道	2005年12月25日	5			5	31		2	33

かつてアメリカの国務長官を務めたコリン・パウエルは、「すべての人間はミスを犯す。それを止めることなどできない。私自身、これまでの人生で数多くの間違いをしてきた。結局私が得た結論とは『人間とは多くの経験から学び、そこから作り出される生産物なのだ』ということである」と語っている（2005年8月15日付『日本経済新聞』）。さすがに実戦の経験を積んだ、一国のリーダーたる者の生きた言葉である。真の安全対策は、まずこうした認識から始まらなければならない。

デザインの革新

国鉄が戦後造った駅などの建物やその中の設備のデザインはひどいという批判は、国鉄の民営化の前頃から、デザインの専門家から強く指摘されるようになっていた。特に評判が悪かったのが、新幹線の駅と、橋上駅と呼ぶ駅で、これは1970年代から中小駅の基本的なデザインとなっていた。駅設備をすべて線路の上に設け、その横に自由通路を設けて駅の両側を自由に行き来できる構造にしてある。線路の両側にあった駅の業務設備を1カ所にまとめることによって駅員の合理化ができることと、踏切まで行かなくても駅の反対側に行けるという便利さを狙った一石二鳥のデザインであった。確かに便利にはなるが、かつての木造の駅舎が持っていた一種の情緒はまったく失われるし、何よりもすべてが機能優先かつ画一的で、とてもデザインと呼べる代物ではなかった。財政が極度に悪化した国鉄には厳しく合理化が求められていたし、デザインにお金を使うなど口に出しても言える時代ではなかった。やや酷評になるが「貧すれば鈍す」の見本だったといえるかもしれない。

新幹線の駅のデザインにも同じような性格がある。橋上駅とは反対に、自由通路が線路の下にあるという点が違うが、これは当時のデザイン界の風潮からそうなったのであって、新幹線が完成した時期にこうした新幹線の駅のデザインは建築学会賞を受賞している。当時は機能主義の時代だったのだ。それが時代の価値観の変化と共に、無機質で個性がないという批判の対象になった。結果として生まれた姿は同じようでも、新幹線の駅と橋上駅とではその生まれた由来がまったく異なる。

だが、ＪＲ東日本が生まれた以上は、こうした悪いイメージを一新したい。駅や車両のデザインを一新すれば、国鉄からＪＲになって変わったというアピール効果は大きいに違いない。

それには現在の東京駅のように、新生ＪＲ東日本のシンボルとして後世にも残る記念碑的な建物を造りたいという思いがあった。国鉄の民営化に際して、みんなの気持ちが盛り上がっていたのだった。それに最もふさわしいのは東京駅。だがさすがに東京駅の改築論者も、いきなりあの東京駅を壊してしまう勇気はなかった。そこで第二の候補に挙がったのが上野駅。ＪＲ東日本の所管する大半の地域である東北地方への玄関口。歌にも歌われ、多くの思い出の残るあの駅を壊すことにも一抹の不安はあったのは事実だが、思い出は別として東京駅と比較すると、どう見てもぜひ保存しなければならないほどの建物とは思えない。

そこで、当時ポストモダンの旗手と言われていた建築家の磯崎《いそざき》新《あらた》さんに、新しい上野駅のデザインをお願いした。磯崎さんは「私は湯布院の駅の設計はしたが、まだこの東京にこれといった作品がない。ぜひやってみたい」と快く引き受けて下さった。上野駅の周囲はきわめて特別な地域だといってよいだろう。駅の正面は典型的な東京の下町の盛り場で、かつて東北地方から出稼ぎに来られた方々を「これが東京だ」と温かく迎え入れてくれる庶民的な雰囲気があり、その先には賑やかなアメ屋横丁の商店街が控え、また、あの東京の下町のシンボルともいえる浅草も近い。一方、駅の公園口を出れば、緑豊かな上野公園が広がり、そこには多くの博物館や美術館、さらには東京芸術大学など、東京の文化の中心ともいえる地域がある。まったく違った二つの顔を持つ駅、それが上野駅だった。

磯崎さんはこの駅の持つこうした両面性を見事に表現するように、上野公園側には階段を上がると、さわやかな広場があり、その先にお洒落なビルが建って、賑やかな下町側にはまた完全に違う顔を持つという高層建築を設計してくださった。だが、いざ現実にこのビルの工事の準備に取りかかると、多くの難問が待ち構えていた。まず、日照権の問題。この高層ビルが建つと、上野公園に大きな日影ができてしまうので、基準に反するとのことで建築許可が下りない。次に、電工事をどのように進めるかという問題。そもそも上野駅には空いた空間があるわけではなく、電車が走っている線路の上にこの巨大なビルを建設しなければならない。調査をすればするほど大変な工事費がかかることがわかってきた。さらに、この高層ビルの中に何を入れるべきか。議論は錯綜した。

その頃にバブル経済がはじける兆しが見えてきた。ある日、住田社長が「計算してみると、このビルは坪あたり、1000万円の工事費がかかる。こんな所に坪あたり、1000万円ものお金を払って土地を買う人がいると思うか」と言った。この一言がこのプロジェクトにとどめをさしたと思う。日照権の問題などで着工に手間取って、かえって良かった。もし実現していたら大変な損失を生むプロジェクトになっていた公算が強い。私を含めて、ややバブルに踊っていたという反省が残る思い出となった。

せっかくこのプロジェクトに情熱を注いでくださった磯崎先生には、大変申し訳ないことをしたと思っている。しかし、先日磯崎先生にお目にかかると「いや、あのプランはアメリカで模型を展示し、実際にイタリアで実現しますよ」とおっしゃってくださり、ほっとした思いがした。

上野駅と並行して御茶ノ水駅もまったく新しいデザインの駅にしようというプロジェクトが動きだしていた。御茶ノ水駅は周辺に多くの大学や大病院があり、乗り降りされるお客さまは非常に多いが、プラットホームと階段は非常に狭く、朝のラッシュ時には危険な状態になることも珍しくなかった。しかしこの駅は片側が切り立った崖、反対側は神田川が流れていて、とうていプラットホームを拡張することはできない。この駅をどうするか。松田常務（当時）は国鉄時代からこの駅の改良に強い関心を持っていたようで、ＪＲ東日本が発足して間もなく、私がまとめ役となって、建築界の大物の芦原義重《あしはらよししげ》先生に委員長をお願いして、「御茶ノ水駅改良委員会」が発足し、設計案を広く公募することになった。200点近い応募案の中から審査委員が熱心に検討して採用する案を決めた。この案は駅全体を人工地盤で覆い、狭いプラットホームからエスカレータでこの人工地盤への出口を増やして、プラットホームの混雑を減らすだけでなく、その上に商業施設も造って、乗り降りする人の多いこの駅で新しい事業も可能にするという魅力的な案だった。

しかし、この計画も結局実現できなかった。あの狭い御茶ノ水駅で、電車を走らせながら工事を行うというのは大変困難だけでなく、実際に調査をしてみると、神田川方の擁壁全体の補強が必要で、莫大な工事費がかかることがわかったからだった。

そこで、こうした巨大プロジェクトではなく、小さな駅に今までにはなかったような斬新なデザインの建物を造ることから始めることにした。最初にトライしたのが東北地方のローカル線の北上線にある、ほっとゆだ駅（岩手県）。ここには昔懐かしい典型的な木造の駅舎があったが、89年に新しくお洒落なロッジ風の木造の建物を建てた。ここは温泉地なので、なんとその中に温泉浴場を設備した。これが大きな話題を呼び、温泉の利用客の方が鉄道のお客さまよりはるかに多くなった。同じ頃に、八高線の明覚駅と水郡線の磐城塙駅に斬新なデザインの駅舎を造った。この駅の付近は木材の生産地なので、木造の新しいデザインを選んだ。続いて公民館を併設した奥羽本線の院内駅、モダンな構造の常磐線の東海駅と東北本線の矢吹駅など、目新しいデザイン

ほっとゆだ駅（岩手県）

赤湯駅（山形県）

の駅が続々登場した。

特に山形新幹線の開業の際には、新幹線の停車するすべての駅が新しい建物に変わった。秋田新幹線の開業の際も同じだった。こうした駅舎の改築の費用は、地元に負担していただくのが原則なので、駅舎のデザインも地元にお任せした。いろいろなデザインの駅が生まれ、一種の駅のデザインコンクールのようになったが、特に目立ったのが赤湯駅（山形県）だった。この駅は建築家のエドワード鈴木さんにデザインをお願いした。できあがったのは、まったくこれまでの駅のイメージを一新するような斬新なデザインだった。円形の金属の構造で、鳥が空を飛ぶことをイメージされたとか。秋田新幹線の大曲駅も鈴木さんのデザインである。ミニ新幹線の全部の駅のデザインが素晴らしいとはとうてい言えないが、角館駅も古都らしい日本風の建物になった。そして山形新幹線の高畠駅には温泉施設もある。

駅の情報案内設備も民営化当時はお粗末だった。丸井の青井忠雄《あおいただお》社長にご意見をうかがうと「JRの駅の案内表示はひどい。お客さまにとってとてもわかりにくい。私たちはお客さまがどの場所でどのような情報を求めておられるか、徹底的に研究して案内設備を設けている」という手厳しいご評価だった。それも無理からぬこと。早速駅の案内表示のあり方について基本から勉強し直すことにした。ともかくトイレから建物、接客窓口、情報設備、どれもこれも基本から考え直さねばならなかった。

電車の新しいデザイン

一方、駅だけでなく車両も鉄道の顔である。国鉄時代は全国に同じようなデザインの車両が走っていた。北は北海道から、南は九州まですべての特急列車は同じようなデザインの車両だった。JR東日本の発足の機会に、今までとはまったく違うデザインの車両を登場させて、国鉄とは違うという強いイメージを出したいと思った。

国鉄民営化の際に、経営が厳しいことが予想される九州には比較的新しい車両を入れ、九州を走っていた古い特急電車は常磐線に移転していた。そこで早速この古い常磐線の特急電車を新車に取り換えることにした。もう、かつての国鉄のデザインは捨てて、思い切って斬新なデザインとする。専門のデザイン会社にお願いして、発足2年後の1989年に登場したのが「スーパーひたち」である。真っ白な車体に特徴のある先頭部。正面の前頭部には画面が変化するディスプレイが初めて登場し、列車名、行き先など画面が刻々と変化する。いずれも、これまでには見たことのないもの。特急電車のイメージが強烈に変わったという思いがした。その後、JR各社に国鉄時代には考えられないような新しいデザインの車両が続々と登場するが、その口火を切ったのがこの「スーパーひたち」であった。

その翌年に登場した東海道線の伊豆方面へ行く特急電車には、観光のためのお客さまに魅力的

「スーパーひたち」

なデザインをと考えて「スーパービュー踊り子」を登場させた。この電車は奇抜ともいえるかなり強烈なデザインで、2階建ての曲面の展望席を持つ先頭車両、2階はグリーン席で、1階にはサロンと子供たちのための遊ぶスペースも設けた。普通車の座席も試みに車両によって異なった座席配置としてみた。そして従来は東京駅発着だけだった踊り子号の一部を新宿発着とした。比較的高級住宅地の多い東京の西南部からのお客さまを意識してのことだった。最初の新宿発のスーパー踊り子号の発車式に新宿駅を訪れると、小田急電鉄の利光達三《としみつたつぞう》社長もお見えになっていて私に「こういう電車を走らせるから困るんですよ」と、苦笑いされた。

次の年に登場したのが「成田エクスプレス」。この電車の最大の課題は「いかにしてリムジンバスとの競争に勝てるか」。そこでまず始発駅は新宿と横浜の両駅とし、中心の東京駅で両列車を併結する。

そうすることによって当時箱崎発着だけだったリムジンバスに、運賃は高いがサービスで対抗できるよう便利にする。さらに話題性を高めるためのいろいろな方法を考えた。グリーン車は思い切って、かつて特急電車「つばめ」などのパーラーカーにあった1列だけの座席とし、特定のお客さまのための個室も設けた。当初は、グリーン車には無料のドリンクコーナーを設けた。車内には電車が走っている位置を刻々に表示するディスプレイも設けたし、専用の車内誌も配備した。さらに海外から来られるお客さまのために英語の電話サービスも始めた。最初のうちは停車する各駅で若い女性がお客さまのお出迎えもした。

この電車の問題は荷物の多いお客さまに対してどうするかということだった。そこで思い切って固定式の向かい合う座席配置とし、座席と座席の背の間にトランクなども置けるスペースを取れるようにした。さらに従来は国産製品だけしか使用しなかった伝統を破って、窓ガラスはフランスのサンゴバン社、座席もフランスのコンパン社製のものを採用した。小規模ながら国鉄技術の伝統に対する一種の文化革命であった。

その後、中央線の「スーパーあずさ」と「あずさ」、総武線には「さざなみ」など、それぞれの線の性格を考えた車両を登場させてきた。

新幹線の車両のデザインも一新した。新幹線の電車といえば64年の開業以来、あの先頭部が丸く突き出たデザインが新幹線のイメージそのものであったといっても良い。82年に開業した東北・上越新幹線の車両も同じデザインだった。85年に登場した100系新幹線電車は先頭部がややとがった形となったが、基本的には最初の新幹線電車のデザインのマイナーチェンジだった。あのデザインが新幹線そのもののイメージであり、大幅に変えること自体に一種のためらいもあった。

新幹線の電車のデザインが大幅に変わったのは、92年に登場したJR東海の300系と山形ミニ新幹線の400系車両である。300系にはそれでもやや従来の新幹線電車のデザインのイメージがまだ残っているような気もするが、山形新幹線の電車のデザインは思い切って変えてみた。先頭部の形は斜めの形に変え、車体の色は最初シルバーメタリック一色だったのだが、あまりにも印象が暗いというご意見もあって窓の下に緑色の線を入れた。

新幹線で通勤をされることなど新幹線を建設した頃には予想すらしていなかった。が、国鉄の末期頃からそうしたお客さまが目立つようになり、通勤用の定期券「FREX」、通学のお客さまのための「FREXパル」という制度を設けた。JR東日本が発足した頃からは通勤・通学に利用されるお客さまが急速に増えだし、特に東北新幹線が東京駅に乗り入れた1991年頃から顕著になった。ぜひ座っていただけるサービスを提供する義務があると考えて、94年に2階建ての新幹線車両「E1系」を製作した。

2階建ての新幹線車両は国鉄時代の最後の頃に登場した100系車両の一部にあったが、全車両2階建てというのは初めて。しかも普通車の2階席はなるべく多くの方に座っていただくために2列6人掛けとした。乗用車の後部座席を参考にして、混雑しない時には2人掛けにもできる

山形新幹線「400系」

2階建て新幹線「E 1系」

◎新幹線通勤旅客輸送量の推移

（単位：百万人キロ）

年度	新幹線定期
1987	115
88	177
89	241
90	376
91	600
92	782
93	889
94	980
95	1,078
96	1,183
97	1,217
98	1,342
99	1,415
2000	1,478
01	1,550
02	1,543
03	1,567
04	1,609
05	1,627
06	1,656

ような肘掛けの構造にしたのだが、その後きちんと3人座れるように変更したようだ。盛岡駅の同じプラットホームの両側にこのタイプ車両が並んだ時には壮観だった。この「E1系」は12両編成だったが、その後97年に2編成を併結できる、同じく全車2階建ての「E4系」が生まれる。16両編成で定員が1634人、高速列車としては世界最大だといえよう。

続いて、もう古くなった東北・上越新幹線の電車を置き換えるために誕生したのが「E2系」で、もう最初の新幹線の電車とはまったく違うデザインとなった。この電車は時速275キロで走れる性能を持っている。同時に秋田ミニ新幹線乗り入れ用に「E3系」も生まれた。高速になると空気抵抗をいかに減らすかが大きな課題となる。特に高速でトンネルに入ると、微気圧波という特殊な空気の波が生じて、トンネルの出口で大きな音と空気の振動が起きる。この問題と同時に高速で走行する時の空気の波動による騒音をいかに減らすかが車体のデザインを左右する重要な課題となった。このため「E2系」は大変スマートな姿になった。

こうしてJR東日本発足直後からデザインの革新を進めるなかで、社内にデザインに対する関心を高めてもらうためと、世界の鉄道デザインの専門家に来ていただいて、どのように取り組んでいるかを知るために、89年に東京で「世界鉄道デザイン会議」を開催した。最もこの分野に力を入れていたのはデンマーク国鉄で、ニールセンというこの分野での第一人者ともいうべき方を責任者として専門のデザイン部門を持っている。確かに、デンマークの特急電車のデザインは独特で素晴らしい。その後、JR北海道がデンマーク国鉄とデザインについての定期的な交流を始めた。

すでに、ヨーロッパの鉄道ではデザインに対する関心が高まっていて、1985年に「ブルネル賞」という制度を作っていた。これは2～3年ごとに各国の鉄道のあらゆる分野での優れたデザインを表彰するもので、19世紀のイギリスの優れた鉄道技師 Izambard Brunnel の名にちなんで設けられた賞だった。世界鉄道デザイン会議を開いたことを弾みとして、JR東日本もこの賞のコンペにチャレンジしてみた。すると、なんと、設備部の叶篤彦課長などが中心となって作ってくれた「駅からマップ」が第3回ブルネル賞の最優秀賞に選ばれた。これは東京の山手線内の主な駅からの町への詳細な案内図で、デザインも綺麗だった。それだけではなく、特急電車「スーパーひたち」、新橋駅のチップ制トイレ、東京駅コン、東京ステーションギャラリーも奨励賞を受賞した。

これは非常に嬉しかったし、デザインに対する社内の関心も高まった。それまではどちらかというと、デザインという数字には出ない価値に対する社内での関心は低かった。92年の第４回ブルネル賞には「成田エクスプレス」の電車のデザインがやはり最優秀賞を獲得した。

その後、ＪＲの他社もこの賞を続々と獲得するようになり、ＪＲグループ全体のデザインに対する関心が高まっていった。ＪＲ東日本は94年の第４回大会で「ビューわかしお」電車、２０９系電車、改造お座敷列車が、96年の第５回大会で磐城塙駅と横須賀・総武快速線の電車が、２００５年の第９回大会ではさいたま新都心駅とフルカラーＬＥＤ電光表示板が、それぞれ奨励賞を受賞している。かつて青井社長から酷評を受けた案内表示が国際的な賞を受賞したことには、一種の感慨もある。関係者が努力した成果だといえる。

ＪＲ東日本発足後に投入した新しい車両は１万両を超える。これは当社の車両の80パーセント近くになる。１７００ある駅のうち、４３０駅は新築するか、大規模な改造を行った。利用しやすい駅を目指して、エレベータやエスカレータなどの整備も積極的に進めている。これまでに約３３０駅にエスカレータがつき、それに続いて約３３０駅にエレベータを設備した。これからもこうしたバリアフリーの設備の整備に努力していくことにしている。

第4章　談合と天下りとの決別めざして

寿命半分、値段半分、重さ半分の電車

ＪＲ東日本が発足する直前の頃から、私は鉄道車両の設計と保守の基本思想に疑問を抱きだしていた。１９８５年６月、私は突然、国鉄最後の常務理事に任命された。「保安担当常務理事」というのが私の職務だったが、当時国鉄の常務理事中技術部門を担当するのは私ともう一人、土木建設担当の岡田宏《おかだひろし》常務理事だけだったので、私は土木関係の建設局と施設局以外の技術部門である運転局、電気局、車両局、情報システム部のすべてを担当するだけでなく、安全にかかわる問題については施設局も担当業務に入る。私自身は運転局長も務めたので、もう運転局のことにはあまり関心がなく、他の部門の何が課題で、何をやればこうした部門の士気が上がるのか、言い換えれば、どうすればこうした部門の人たちが私についてきてくれるかが最大の関心事だった。

その頃、長年の友人の井口雅一東大教授にご意見をうかがった。この方のご専門は自動車工学、鉄道にも造詣が深く、それまでにもたびたび最も本質をついたご意見を頂戴していた。井口さんに「国鉄の車両部門をどうしたら良いでしょうか」とうかがったところ、「山之内さん、自動車産業の規模は今や30兆円ですよ。それに対して鉄道車両業界の売り上げはわずか3000億足らず、もうどの企業も鉄道には関心はありませんよ。自動車産業から学びなさい」と言われた。確かにその通りだが、何とかならないものか。そうすれば車両部門の人たちの士気も上がるのではないかと考えた。

そのためには、何とかして鉄道車両の発注を増やしたい。とはいえ当時の国鉄は大赤字でとてもそんなことを言い出せる雰囲気ではない。新しい車両を発注する際には、現在使用している車両がもう古くなってどうにもならないということを証明するために、車体のボロボロに腐った部分の写真を資料に添えて、やっと新車への取り換えができるという状況だった。あまりにもいじましいし、卑しくも鉄道車両はお客さまをお乗せする商品であり、安全の基本にもかかわる。こんなことでいいのかという思いだった。

その頃、我が家のビデオが故障した。修理を頼むと何と4万円。7万円で買ったビデオなのに。しかも次々といろいろな新しい機能を持った新型ビデオも登場していた。直してもらうか、新しいビデオを買うか大分、迷った。ただ修理をすることがこんなにも高くつくということには驚いた。考えてみると、私が子供の頃には、なんでも故障すると修理をして使っていた。靴下に継ぎをあてていたし、靴の底が擦り減ると底だけ張り替えたこともあった。電気製品は大事に修理していつまでも使っていた。それが当時の当然の常識だった。だが世の中は変わった。もう靴下に継ぎをあてる人はまずいないだろう。より魅力的な新製品がどんどん出てきて、人々は修理するよりも買い替える時代になっていた。

いわゆる大量消費社会になったのだが、国鉄はこうした社会の変化に無頓着で、相変わらず何でも可能な限り修理をしていた。なるべく長く使うことが正しいと思い込んでいたのではないか。そのために膨大な修繕費を掛けているだけでなく、結果として鉄道車両業界への発注が少なくなって、業界は萎縮し、技術革新も進まなかった。その結果、お客さまにもいつまでも古い車に乗っていただくことになってしまった。

東京の中心部を走っていた電車が古くなると、運転台をつけるために多額のお金までかけて改装し、地方へ配置転換するのもおかしいのではないか。東京向きに造った車両が地方路線に適しているとは限らないし、それでは、いつまでも地方路線は中古電車だけということになる。

この方針を変えようと、ＪＲ東日本発足後に南武線と、折から電化工事が完成した相模線に新車を入れた。原案では都心で使っていた電車を改造して持っていくことになっていたのだが、あえて新車を導入した南武線では「50年ぶりに新車」という大きな記事が新聞に出たし、相模線では「ピカピカ電車」と話題になった。せっかく巨額の工事費をかけて電化工事を完成させたのに、中古の電車が入って来たのでは地元の喜びは半減してしまう。そこへ新車を入れれば間違いなくお客さまは増える。反対に山手線に新型電車を入れたところで、お客さまは増えはしないだろう。「山手線は一番儲かっているから新型車両を入れる」というのは、一見もっともらしく思えそうだが、よく考えてみると経営上の根拠はかなり薄弱で、私はそうした、あまり深く考えずに当然だと思い込んでいる思考停止状態のマンネリズムが我慢ならなかった。

在来線の電車は普通20年以上使う。時には30年というのも珍しくない。新幹線電車は最初の頃は慎重を期して13年で取り換えていたが、この頃は20年間使っている車両も少なくなかった。試しに、1両の電車がその寿命を終えるまでに掛けている修繕費用を計算してもらったところ、新車を買うよりはるかに大きな金額を掛けていることがわかった。マイカーで、新車を買う以上の修理費をかけている人など、事故の場合やよほどのマニアは別としても、まずいないだろう。そもそも自動車では、電車のように車体からすべての部品を取り外してまでの大修理などはまずしない。少なからぬユーザーが数年で新車に買い替える。だから自動車産業は繁盛している。鉄道は逆のことをやって、かえって自分の首を絞めている結果になっているのではないか、というのが私の基本的な問題意識だった。

そこで、鉄道車両のライフサイクルも自動車並みにしたい。3年は無理だとしても、この技術とデザインの変化の激しい時代に、いくらなんでも30年近く使うというのは、どう考えてみてもおかしい。そこで、第一歩として鉄道車両の寿命を半分にできないかと考えた。だがそれでは経理部門から一蹴されることは目に見えている。それならと今度は車両の価格も半分にできないかと考えた。そうすればかかる総経費は同じで、修繕費が低下するだけ経費の削減になる。では本当に価格を半分にできるか。正直なところ、これはかなり難問だった。だが、半分とまではいかなくとも、かなり下がる可能性はあると思っていた。

そのわけはまず、国鉄が買っている電車の価格がどう見ても高いと思わざるを得ないからだった。自動車の最高級車のロールスロイスが4000万円程度、ベンツなら1500万円も出せば最もハイクラスの車を買うことができる。それにはエンジン、ステアリング装置、革のシート、各種オーディオ設備もついている。かたや電車は運転台やモーターもない車も含めて当時1両約1億円、新幹線電車にいたっては1両3億円。「ベンツの6倍の値段の電車を山手線に走らせているのかね」と言った覚えがある。もちろん自動車と同列に議論するのは無理だとは、承知の上での話だったのだが。

その頃、すでに一部のローカル線は国鉄から分離して、廃止するか第三セクターにすることが決まり、すでにいくつかの会社が発足していた。そこには多くの場合、国鉄の現場の経験の長い方が社長もしくは最高幹部として行かれていた。その中には旧知の方も何人かおられた。そこで、新しく民営企業として発足するJRの経営に何か参考になることがあるのではないかと思って、いくつかの会社を訪れてみた。

すると、ある会社で「山之内さん、いざ民間に出てみると、国鉄で発注する工事や国鉄が買う物品は、市場よりほぼ3割は高いですよ。先日も、橋梁の塗装工事を管理局にお願いしたら、民間企業の見積もりよりも3割も高かったのでやめました」と聞いた。さらに訪ねてみると、この一社だけではなく別の会社でも同じような話をうかがった。

国鉄時代に車両部門が価格の引き下げに努力していなかったとは思わない。しかし、新しい車両を発注する際の価格は、その前の発注価格に物価上昇率を掛けた場合が多かった。競争市場の中で目覚しく価格が低下していく商品と比較すると、とても、同じような価格低下のための血の滲むような努力があるとは、とうてい思えなかった。当時資材局の幹部が「しょせん、車両の価格などはその重さで決まるだけさ」と言っていたことも記憶にあった。だとすれば、重量を軽くすれば安くなるという理屈になる。

そこで車両部門に「寿命半分、値段半分、重さ半分の電車を造れ」という指示を出した。当然、多くの技術者たちはびっくりし、内心では「そんなことできっこない」という顔をしていた。また車両部門のかつての幹部の方からは「山之内君、寿命を半分にしたって値段は半分にはならないよ」というご忠告もいただいた。言われるまでもなく、私も寿命を半分にすれば価格が半分にできるとは考えていなかった。だが私にはかなり荒っぽい目算があった。まず、国鉄が民営化して、官公需の高値発注の悪習を断ち切り、真の民間企業並みの努力をすれば、30パーセント価格が低下する可能性があることは、第三セクターの幹部たちが教えてくれた。さらに、寿命半分をめざして徹底的に簡素な設計をすれば、それだけでも10パーセント位は価格が下がるだろう。それだけでなく寿命が半分になれば発注も2倍になるので量産効果でさらに10パーセント程度価格

「209系」電車

低下の可能性がある。合わせて50パーセントになる。

国鉄改革の真っ最中には、とてもこれは現実のものにはならなかったが、いよいよＪＲ東日本が発足したので、本気でこうした車両の設計を命じた。その結果、登場したのが１９９３年3月から京浜東北線での営業運転を開始した２０９系電車である。この電車の構造は、それまでの電車とはかなり変わった。

まずＪＲ東日本として初めて本格的にＶＶＶＦ（可変電圧可変周波数制御）方式を採用した。これは電車の駆動制御方式を革命的に変える技術といえる。

電車が生まれて以来、電車を動かすための電動機は、通常の工場や家庭などで使用している三相交流電動機とはまったく違う特殊な電動機を使っていた。三相交流電動機は電車を動かすために適した性能を持っていない。そのために電車は特殊な構造の電動機を採用していて、価格は高く、保守点検にも手間のかかるものだった。しかし70年代に入って、パワーエレクトロニクス技術の進歩により、通常の産業用の三相交流電動機が電車にも使えるようになった。東急、近鉄などでは80年代半ば頃からこの新しい制御駆動方式を採用し始めていたが、国鉄はこの技術の導入には慎重だった。技術的には大きな魅力があり、保守点検も楽になるのだが、このシステムの価格がまだ非常に高かったためで、1編成の試作車を造って試験をしただけだった。国鉄が民営化した頃からこのシステムの価格が目立って低下し、採用できるめどがついたので、新しく設計する電車にこのシステムを採用した。

車体の構造はメーカーの提案を尊重し、従来のように画一的な設計にはしなかった。メーカーによって同じ形式の車両でも車体の構造が違うのである。これは国鉄時代には考えられないことだった。そして車両と車両の間のドアの数も半分に。座席もバケット式の簡素なつくりで、座席のクッションは従来のバネ式からウレタン樹脂に変更し、やや硬めの座席になった。座席の一人あたりのスペースも広げ、座席にきちんと座っていただくためにシートの途中に握り棒を設置した。座席の下にあった暖房機器も姿を消した。暖房がなくなったわけではなく、座席の中に暖房装置を組み込んだのだ。窓も固定式の熱を遮るガラスを使用し、カーテンは省略した。車体全体が軽くなったので、従来は10両編成中6両が電動車だったが、今回は4両だけでよくなった。これは価格低下の効果が大きい。

この電車には外国の製品も多く採用した。国産品優先の国鉄では外国の製品は原則として採用していなかったが、良いものであれば採用してはいけない理由はない。これも一種のタブーに対する挑戦で、窓ガラスと座席は外国の製品であった。ドアの開閉装置もフランスのFAIVELEY社の電気式装置の方が、保守に手がかからず優れていることがわかったので、このシステムを採用した。フランスのメーカーは、旧日本国鉄がフランス製の車両部品を導入するとは考えてもいなかったようだ。事情はフランスも同じ。お互いにライバルだと思っていたのだった。そこへこの部品を採用したので、このメーカーは非常に喜んだ。「日本で売れるということは、世界での当社製品への大きな信頼へとつながる。これは非常に大きなことなのです」と、この会社の幹部の方は私に語ってくれた。

フランス中部のロワール川の沿岸の主要都市トゥールに近いこの企業の工場を訪れると、清潔ではあるが予想していたよりはるかに小さな工場で、どちらかというと町工場に近い。まだ非常に若いBodel社長以下の主だった社員が大歓迎してくれて、工場の見学の後にはレオナルド・ダ・ヴィンチがその晩年を過ごしたクロ・リュセの館で、厳かにアンボワーズワイン騎士団の騎士に任命してくれた。この辺がフランス人の接待のうまいところ。ただ極端にアルコールに弱い私は、騎士任命の誓いとしてグラス1杯の白ワインを飲み干させられ、パリに帰る時に乗ったTGVの運転台では、意識朦朧《もうろう》の状態だった。もし日本だったら大ニュースになっていただろうが。

この新しい車両コンセプトはヨーロッパでもかなり反響があり、鉄道雑誌にもしばしば取り上げられたし、会議などでも多くの方から質問があった。「ムッシュー・モワチエ」（半分男）と言われたこともあった。寿命半分という発想は、ヨーロッパでも従来の常識の逆だった。それが新鮮だったようだ。

この電車は通商産業省からグッドデザイン賞の金賞を、そして前述したようにブルネル奨励賞を受賞した。

この電車が登場した頃から、東京の都市交通用の電車に大きな変化が始まっていた。従来、東京地区では山手線、京浜東北線、中央線などのように混雑がひどく、乗車区間も比較的短い線区には4扉で全座席がロングシートの電車を使用していた。これに対して、東海道線、横須賀線、東北・高崎線、それに常磐線の中距離電車は3扉で、ロングシートとクロスシート（対面シート）が交ざった構造の電車を使用し「中電」と呼んでいた。しかし住宅地が郊外へどんどん発展してくると、こうした線区でも混雑がひどくなり「中電」タイプの車両ではドアが閉められない状況すら起こり出した。このため、こうした線区の電車も徐々にクロスシートをやめて、ロングシートに変えていった。

そうなると近距離用の電車との違いはドアの数だけということになる。それならばいっそのこと、両方とも同じ設計の電車にした方が良い。ただ車体の幅が近距離用の電車と「中電」とでは若干違う。「中電」はドアとドアの間の席をクロスシートにするため、通路が狭くならないように車体の幅を膨らませてあった。新しい標準型の電車はどちらの寸法の車体にすべきか。

私はコストの安い直線型の車体の方が良いのではないかと思っていたのだが、運輸車両部からは幅の広い車体を採用したいという答えが返ってきた。その方が電車の定員が増加するので若干ではあるが混雑の緩和になるからだという。その結果、209系の次の世代の車両としてE231系が誕生した。この電車は単に車体の幅を広げて設計を統一しただけでなく、電車の多くの電気部品を制御する回路が従来個々に別々だったために非常に多くのケーブルが電車の間に通っていたのを、一本の光ファイバーの多重制御回路にまとめると同時に、電車に積んである多くの機器の動作状況を看視できる「TIMS」と呼ぶ新しいシステムも装備するという大きな技術の変革も実現した。そして従来は、電車が車庫から「出区」する際には運転士が電車の周りを一回りして、各機器の動作状態を点検していたのだが、この新しいシステムによって、運転台ですべての機器の動作状態を点検できるようになった。そしてこのタイプの電車から、車内に液晶ディスプレイが登場した。前述したように6扉電車で試行した際には不評だったものが、標準装備になったのである。

この電車は大都市交通用の電車の、いわばデファクトスタンダード（事実上の標準形）となり、他の鉄道企業でもこの電車の設計をもとにした電車が続々と登場するようになった。その方が量産効果によって車両価格は安くなるからである。

続いて2006年に中央線の快速電車用に登場したE233系は、さらに異なる設計思想を採用している。ひとくちで言えば電車の信頼性を高める設計となった。パンタグラフ、空気圧縮などは複数の部品を搭載し、主回路も2重化するなど、万一電車の重要な機器が故障した場合でも走れるようにした。さらに、２０９系では価格を下げるために10両編成中電動車は4両だけだったが、Ｅ２３３系から6両に増やした。そうすれば、電動車が故障しても十分に走れるからである。

振り返ってみると、２０９系は従来の設計思想を根底から変えて、各部を徹底的に簡素化し、極論すれば使い捨てタイプの車両の設計を目指した。これを基本にして新しい技術を積極的に取り入れた、いわば大都市交通用電車の標準設計ともいえるＥ２３１系が誕生した。そして次は品質の向上というべきか、信頼性の高い電車を目指したＥ２３３系が誕生した。一見同じように見える電車でも、その設計思想と技術は次々と進化しているのである。技術というものは常に将来を見定めていかなければならないし、開発することが技術力なのである。これが究極の完成品と思った瞬間にその企業の技術力は失われる。

それでは本当に価格半分、寿命半分の電車が実現したのか。本当の意味での価格の比較は難しい。それは、新しく登場してくる電車には、従来の電車にはなかった高度な機能の部品や装置などが採用されているからである。おおよそで言えば半分とはいかないが、同じ設計だとすれば価格は約30パーセント程度低下したと思う。２０９系を製作した時にある車両メーカーの社長さんは「山之内さんの言うことは嘘だ。価格は半分にさせられるかもしれないが、新しい電車の車体はステンレス製なので、寿命は半分にはならない。従来の車両以上に長い寿命になるに違いない」と言われた。ところが、京浜東北線を走っている、あの２０９系電車は、２００８年から廃車が始まりE233系に置き換えられる。使用期間は13～14年。最近廃車になりつつある中央快速線の旧型電車は、25年以上も使った。結果として価格は半分にはならなかったが、寿命は半分になったのである。

価格破壊＝談合体質破壊への戦い

国鉄時代は大変な赤字のため予算が厳しく多くの古い車両がまだたくさん走っていた。JR東日本が発足して間もなく、混雑のひどい通勤線区の山手、京浜東北、中央総武、埼京、横浜、南武、武蔵野各線の輸送力増強と古くなった電車の取り換えのために合計821両の大量発注に踏み切った。こうした線区を走っている電車の老朽化がひどくなっていたからである。この発注の時が価格破壊のチャンスだと思った。この時に発注した電車は国鉄が最後にデザインした205系で、今でも埼京線、京葉線、横浜線などに走っているが、価格は平均して1両約1億円であった。

日本には川崎重工業、日立製作所、東急車輛製造、日本車輛製造、近畿車輛と電車を製作するメーカーが5社ある。私自身は当事者ではなかったので詳細は知らないが、国鉄時代には各社にほぼ一定の割合で車両を発注し、各社が安定した受注を受けられるような体制になっているというのがもっぱらの噂であった。そして各社の幹部には国鉄のOBが天下っていた。典型的な談合体質だったと思わざるを得ない。これを破壊することこそ民営化の第一歩であり、民営化のための本質的な課題だと考えた。

そこで各社の営業担当幹部を招いて「もう当社は国鉄時代のような発注はいたしません。一番安い価格を提示してくださった企業に発注します」と告げた。集まった幹部は国鉄からのＯＢが多く、その場はなんとなく白けた雰囲気だった。数日後、各社からの価格の提示があった。全社同じ価格であった。予想通りで、やはりそうかと思った。やってみるならやってみろという無言の抵抗すら感じた。そんなに簡単にいくとは思っていなかったし、一社だけ抜け駆けすることなど不可能だったのだろう。それだけでなく、ここで価格破壊に応じてしまえば、国鉄のＯＢとして車両メーカーに天下っている存在価値そのものすら、危うくなるのだから。

そこで車両担当部長を招いて「この中で最も弱い企業はどこか。そこの生え抜きの幹部に、この際価格を下げなかったら、当社は今後一切御社とのお取引はしませんと言え」と命じた。その後しばらくして、この企業からやや低い価格を提示してきた。相当に悩んだ気配を感じた。すごいと思ったのは、その翌日に川崎重工業の大庭浩《おおばひろし》社長が自らお見えになって開口一番、

「山之内さん、本気？」

「もちろん、本気ですよ。もし大幅に価格を下げていただけたら全車両を御社に発注してもいいですよ。それと私どもはもう、従来のようなＯＢの天下りと発注のバーターはしませんよ」

「わかりました」

たったそれだけのやり取りだった。その後間もなく川崎重工業から、従来と比べ約25パーセント低い価格の提示があった。お約束どおり、全821両を川崎重工業に発注した。かつてない規模の大量発注だったので、社内ではセンチュリーオーダーという声すら聞こえた。ただ最近、川崎重工業の営業担当の方からお聞きすると「あの時の決定は大失敗。その後、国内での車両受注は儲かりません」と嘆いていた。私は、素直には信じてはいないが。

その後間もなく、前述したまったく新しいデザインの特急電車「スーパーひたち」を発注した。この時にも川崎重工業が最も安い価格を提示してくださったので、全車川崎重工業に製作をお願いした。私の本音では日立製作所の主力工場が並び、多くの日立製作所の方々に利用していただくことになるこの新しい特急電車は、日立製作所で製作してほしかった。そのことを日立製作所の幹部に申し上げたところ「貴方一人のお陰で、日本の車両製造業界は滅茶苦茶になってしまった」というご返事であった。

車両の価格が急激に低下しだすと、他の部門も黙って見てはいられなくなり、従来の取引慣行を破って新しい製品を導入したり、価格低下の努力をしたりする気運が社内に生まれだしてきた。私のところへ「この製品は従来に比べてこれだけ安くなりました」と報告に来る部下が増えだした。従来はファミリー企業の製品だけを使っていた分野でも、新しく性能の良い部品を使う動きが始まった。その一つの例が、レールを枕木に固定する装置で、従来はフランスの技術を導入したファミリー企業の独占だったが、町井且昌施設電気部長が、イギリスのパンドロール社の製品の方が保守管理しやすいと言うので、試みに採用し、今ではこの方が当社の主力部品となっている。プラットホームから線路を見ていただくと、東北新幹線や中央線の東京駅の線路には、この新しいレール締結装置を使用している。

在庫も「破壊」した。会社発足後間もなく山下会長から「どうも当社は在庫が多すぎるように思う。在庫を減らしなさい」という指示が下りた。国鉄時代には膨大な在庫があるのが当然だと思っていたし、制服から電球に至るまであらゆる品物の予備品を持っていた。そのために各地に用品庫という倉庫があり、それを管理するための組織として全国に6カ所の地方資材部があり、局長級の幹部がいた。元来は物が乏しい時代にいつでも必要な品物を確保するための体制だったのだろうが、同時に一種の利権組織でもあったようにも思う。現場の職員たちも、なるべく多くの品物を持っていることがその現場の財産であるという価値観が蔓延していた。

だが時代は、国鉄改革のはるか前からジャスト・イン・タイムとかトヨタ方式というように、なるべく在庫は持たない方向に変化しつつあった。国鉄はこの点についてまったくと言っていいほど問題意識に乏しかった。そこで急遽、在庫削減委員会をつくり、私が委員長になったので最初の会議で「半年の間に在庫を半分にしろ」と指示したところ、半年後には何と在庫は3分の1になった。削減した貯蔵品の内容を調べてみると、もうどこにも使用していない特殊な分岐器の部品や不要物も少なくなく、唖然とした思いがある。

こういった談合体質改革を進めていくなかで大きな問題は、大規模な建設工事のコストをいかにして減らしていくかということだった。最近、公共工事の談合問題が大きな社会問題となり、法律の改正による罰則の強化、公正取引委員会の厳しい対応などによって、さしもの建設業界の談合組織も大きく変わろうとしているが、国鉄改革当時にはこうした体制は強固に存在していた。私自身はこうした部門で仕事をしたことがないので、その具体的な内容を知っているわけではないが、同じ国鉄という組織の中で長年勤務していれば、おのずからそのことは肌で感じていた。国鉄自体が大きな談合組織の仕切り役であるということも感じていた。ある方からは「そもそも、明治維新以後にこうした談合組織を作ったのは国鉄だ」というご意見すらいただいたことがある。

武田晴人《たけだはるひと》氏の著書『談合の経済学』には、こうした談合に関する事情とその歴史が詳しく記されていて興味深い。まず日本最初の鉄道である新橋～横浜間の建設工事は直営ではなく、請負制度の下に始められた。明治時代には鉄道の建設は国家の最大の公共工事であり、建設会社にとっては最大の受注先でもあった。談合によって信用のある良商が排除されているという指摘を受けて、政府は明治33年に勅令によって指名競争入札制度を導入し、その2年後には会計法を改正して談合を排除する規定が加えられた。だが、鉄道工事は形式的には指名競争入札であったが、実質的には随意契約だったらしい。鉄道が強大な権力を持っていたためであろう。また談合の方もその頃から本格化しだしたようだ。明治32年に鉄道工事を請け負う有力業者が集まって結成した日本土木組合は実質的に談合のための組織だったという。

こうしたなかで、大規模な談合が行われた例として明治41年に着工し、大正3年に完成した東京中央駅の工事が取り上げられ、この本にはその実態についてのかなり詳細な記述がある。今、原形に復元工事中の辰野金吾《たつのきんご》博士の設計になる赤煉瓦の東京駅が談合の大舞台であったということも、今から考えると面白いし、あの建物はそうした意味をも含め日本国有鉄道のシンボルとして記念すべき建物なのかもしれない。

こうした長い歴史を持ち、強固な組織力と、強大な政治力もある組織に対して、ＪＲ東日本が単独で改革を挑んでみても成功するはずはない。とはいえこの部門だけ国鉄時代と同じままに放っておけばよいというわけにもいかない。国鉄の体質を変革するための本質的な課題の一つでもあるからである。そこで、こうした困難さは承知の上で、建設工事部門に工事の発注体制の変革を求めた。最初の反応はかなり消極的であったように思う。なにしろ長年そうした体制の中で仕事をしてきていたのだし、工事の発注先と価格を決めることは、建設工事部門にとっては最大ともいえる業務であると同時に、権益でもあったからだろう。これを変えるということは大きな権益を失うことになる。抵抗感があるのは当然なのだ。さらに、建設工事業界の実情を良く承知しているので、とても手をつけられないという実感もあったに違いない。

この問題にどう対処するべきか。私はこの問題は建設工事部門に任せ、自らはどのように変えていくのかを静観することにした。とても中に入って改革を進めるだけの知識もなければ力もないことは、十分すぎるほど承知していたからだった。車両とは話の次元が違うからである。建設工事部門でも、他の部門でどんどん進む価格破壊に対して何もしないわけにはいかないという意識は芽生えかけていた。そこで、国鉄時代の基本的なルールであった指名競争入札制度は廃止して、技術提案方式に改めるという提案があった。工事を発注する際に、受注を希望する企業から安くて優れた工事方法を提案した企業に工事を発注する方式だという。おそらく、これが考えた末に現状で可能な改善策なのだろうと思って了承した。

かつて国鉄は巨大な建設部門を持っていた。本社の建設局と地方に10の工事局を持ち、新幹線の建設をはじめ毎年数千億円の工事を実施していた。その調査・設計能力と工事の積算、施工監督技術のレベルは非常に高かったと思う。それが国鉄の大きな政治力の原動力でもあった。建設部門は国鉄で最強・最大の技術部門だった。その巨大な体制が国鉄の民営化と共に大幅に縮小した。もはや鉄道の建設時代は終わったし、民営化後にはその強力な政治力を排除することが、国鉄の民営化の原点の一つだったに違いない。建設工事の技術力自体も、国鉄が民営化する以前から徐々に、実際に工事の施工を行っている民間の建設企業の方に移っていたと思う。従って、大幅に縮小したJR東日本の工事部門としては、この方法はやむを得ない選択だったのだろう。

その後は定期的に、主要な工事の契約内容と価格について、担当課長から説明があった。各企業へバランスのとれた配分を十分に考慮したものであることがうかがえるものだったが、私は何も言わなかった。おそらくこれが現状では可能な限界だったのだろうし、いきなりすべてを破壊することなどは望むべくもないからであった。それでも現実には工事費は徐々に下がっていった。

92年に完成した山形ミニ新幹線、97年に開業した秋田ミニ新幹線の工事費は、当初予定していた額を大幅に下回った。国鉄時代にはインフレの影響や工事期間の予定以上の延長などのために、建設工事費の増額ということは何度も経験したが、工事費が当初の予定を下回ったという記憶はない。そういう意味でも、建設工事費の削減は関係者の努力によって着実に進んだのだった。

工事費を削減するための具体的な事例として、東北新幹線に新設することになった「くりこま高原駅」の工事に目をつけた。ここで思い切った工事費の削減を実現することによって、建設工事費といえども大幅な削減が可能であることを具体例として示し、工事費削減への意識を高めることを狙ったのだった。当初の予定では総工事費は確か50億円程度であったと思う。そこでまず駅の構造の徹底的な簡素化を求めた。プラットホームの幅は非常に狭くし、駅内の設備も思い切って簡略にした。もともと何もない田園の中に造る駅なので、これで十分なのだ。さらに工事費の内容を調べてみるとCOMTRACと呼ぶ、新幹線の運行制御システムのソフトウェアの改修費が非常に大きいことがわかった。これはもったいない。東北新幹線が開業してからすでに8年が経過していて、このシステムはいずれ全面的に取り換えなければならない時がくる。それまではこの改修を行わないことによって巨額な工事費を節約することはできる。そこで、このソフトウェアの改修は行わないことに決断した。

そうするとどうなるか。新幹線の全列車は開業以来、ATCによる自動制御であり、停車する駅に近づくとCOMTRACのコンピュータがこのATCに停車の指示を出し、自動的に列車にブレーキをかけて、駅を行き過ぎないように自動的に列車を停車させる。しかしCOMTRAC

の改修を行わないと、こうした指示は出ない。それでも安全上は何の問題もないのだが、列車を駅に停止させる制御は行わないので、運転士が自分で判断して列車にブレーキをかけて停車しなければならない。うっかりしていると駅を通過してしまう恐れもある。新幹線の運転士は、すべての駅でATCによる自動停止に慣れてしまっているので、この駅だけ運転士の判断と技量に頼って停車するというのは、かなりのリスクと運転士の心理的な負担になる。しかしそれでも、この駅ではCOMTRACの改修は行わないことに決めた。

その代わり、万一の事態に備えて、もし運転士が駅に停車することを失念した場合には緊急に非常ブレーキを動作させる装置を取りつけた。この装置は簡単なもので、そう高価ではない。これは従来の発想に反する判断で、こうすることによって工事費の削減に対する強い意識を植え付けることが狙いであった。ただ、くりこま高原駅が開業した後、運転士から、この駅の手動による停車に対して不安があるという不満がかなりあったのは事実だった。ちなみにフランスのTGVでは、こうした停車ブレーキは運転士の判断と操作に頼ることが基本になっている。日本の新幹線のATCは世界に先駆けて時速200キロという高速運転を実現したので、やや自動制御に頼りすぎているのかもしれない。最近導入した新しいデジタルATCでは、運転士の判断でブレーキ操作を行う余地が増えている。これによって、くりこま高原駅の新設工事費は50億円から15億円に削減することができた。

こうした、車両など多くの製品の購入価格や工事のコストが下がることは、当社の経営にとって大変大きな効果がある。ＪＲ東日本の経営上の最大の問題は巨額の債務を持っていることであり、これを削減していくことは経営の最大の課題であったからである。

「アルカディア」号の火災事故と天下り問題

88年、上越線で団体用の3両編成の特別列車「アルカディア」がトンネルを出た所で、エンジンから火が出て車体に燃え移り、列車全体が火に包まれるという大変危険な事故が起きた。幸い、列車が停止した位置がトンネルの外だったので良かったが、もしトンネル内であれば大惨事になるところだった。この列車は旧型のディーゼルカーを改造した車両だった。

事故が起きた後、すぐに山下会長から「エンジンの図面を持ってきなさい」という指示が来た。山下会長は三井造船でエンジンの設計の専門家であった。図面を広げて目を通されると「おい、このエンジンは戦前の設計だぞ」とおっしゃった。これには私もびっくりした。若い頃に京都の車両基地の責任者として、新しいディーゼル特急の保守にさんざん苦労した覚えがあったが、その時と同じエンジンだった。もちろん、その後国鉄でももっと新しいエンジンを開発していたのは事実だが、まだこうした古いエンジンが残っていたのは驚きだった。50年代の前半に採用したエンジンなのである。そのエンジンが戦前の設計だったとは、私もまったく知らなかった。

そこで急遽、古いディーゼルカーのエンジンは全部取り換えることに決め、新しいディーゼルカーに適したエンジンのコンペを実施した。国鉄時代には決まった2～3社だけからエンジンを購入していたが、今回はこうしたメーカーだけでなく、強い技術力を持つ小松製作所とイギリスのカミンズ社にも参加してもらった。国鉄にエンジンを納入していた企業のうちの1社はコンペに参加もしなかった。自信の持てる製品がなかったのではなかろうか。その結果はカミンズ社のエンジンが、従来国鉄が使用していたエンジンと比較して大きさは半分、重さも半分、そして出力は2倍だった。価格も遥かに安かった。国鉄時代の最新型ディーゼル車両と比較しても、その性能の違いは明らか過ぎるほどだった。早速、古いエンジンはこのエンジンに取り換えることになった。そして、ただエンジンを取り換えるだけではなく、旧型のディーゼル車の大半を、新しく設計した小型軽量の新車に取り換えることにした。国鉄設計の車両は重量も非常に重く、保守にも手がかかっていて、性能の違いはあまりにも大きかったからである。

　なぜ、こうしたエンジンが現実に存在しているのに国鉄は採用しなかったのだろうかという疑問が、当然ながら湧いてきた。国鉄自体の技術へのこだわり、長年お付き合いをしてきた企業への配慮もあったのだろうが、私は、この問題の根底には天下り問題があるとしか思えなかった。

　国鉄がエンジンを購入していたメーカーには、すべて国鉄のＯＢが幹部として天下っていた。カミンズ社には国鉄のＯＢはいない。これは車両部門だけの問題ではなく、国鉄が購入する主要な製品のメーカー、工事を請け負う建設企業には、ほとんど例外なく国鉄のＯＢが幹部として天下っていた。天下りを受け入れない企業からは資材は購入しないし、工事も発注しない。これが、極論すれば国鉄の企業行動原理だった。そうした企業体質が、こうした技術の停滞を招いたのではないだろうか。

これは、民間企業になったJR東日本にとって、直ちに直していかなければならない基本的な課題だった。そこで直ちに「グループ企業を除き、すべての取引先企業への幹部の天下りは禁止する」という指示を出した。もはやJR東日本は「天」ではないので当然といえば当然だし、イトーヨーカ堂の伊藤雅敏取締役から見れば、こんな慣行があることすら論外というお気持ちだったに違いない。この指示は現在までほぼ厳格に守られていて、車両の輸出などのために実際に車両の運行や保守の経験者が必要だという企業からの依頼があった場合のみ、1~2人の元専門家がその企業に勤務している、と言ってよい。もっとも企業にとっても、国鉄時代とは違って、数社に分割されてしまった後は、JRの特定の企業からOBを採用してみても効果は乏しいのも事実だろう。

談合と天下りこそ国鉄を蝕む病であったという思いが強い。

私は、国鉄に入社して3年間は現場で実習し、4年目に本社勤務になった。そこでショックだったのは、先輩たちの最大の関心事が天下り先にあることだった。私が所属していた運転局は、退職後に天下り先のほとんどない部門だった。そのため先輩から「馬鹿だな、君は。こんな部門に来て」と言われた。携わる仕事の内容より天下り先の有無が優先される価値基準に、大きなショックを受けた。

国鉄の幹部の人事制度では、いかに出世しようとも、定年まで勤められることはまずなく、若くして多くの者が他の企業に天下っていた。天下り前提の人事制度だったと言わざるを得ない。良しあしは別として、自分の天下り先に最大の関心を持つのは、普通の人間としては当然のことだったと思う。事実ある年齢を過ぎると、自分の天下り先が最大の関心事となり、「あいつはいい所へ行きやがった」というような話題が、常に社内で横行していた。こうした制度が確立したのは明治時代だったのではないかと思う。徳川時代に高級官僚にあたる幕閣の武家が、商人に天下るなどということはあり得なかっただろうから。

問題は人事制度にある。そこでJR東日本は、かつての官庁的な人事制度を根本的に改め、少数のエリート採用制度は廃止し、かなり多く大学卒業生を採用するが、かつてのように一律に昇進させるのではなく、試験や勤務成績によって個人々々の進路が変わってくるようにした。今後は後輩の部下になることも十分にありうる。グループ企業を中心に他の企業への出向することはありうるが、半強制的に辞職勧告されるということはなくなった。もちろん、勤務成績が極端に悪い場合は別だが。山下会長からは、JRの幹部社員がよく採用年次のことを口にするのを聞かれて「採用年次をとやかく言うようでは本当の民間企業とは言えない」という、大変厳しいがJRの官僚的な人事の問題点の本質をついたお叱りを受けたことがある。

こうしたことは民間企業では早くから当然のことだったのだろうが、国鉄では実現しなかった。「こうした人事制度でないと、優秀な人材が集まらない」というのが、国鉄がこの制度を守るため常に使われていた理由だった。この理屈だと、それでは民間企業は優秀な人材が集まらなくてもよいと思っているというのか、あのトヨタには優秀な人材はいないというのか、ということになる。ただ、一度確立した有利で居心地の良い制度というものは、よほどのことがないと変わらない。たとえ、もはやその制度が時代の変化によって機能しなくなっていても。国鉄という組織自体がその典型だと言っても良いだろう。

話を談合問題に戻すが、ある方から「談合という言葉はすでに保元物語（鎌倉時代の軍記物語で13世紀頃の作品）の中に出てきますよ」と教えられて、興味本位で保元物語に目を通して見た。すると「『……近衛院カクレ給ヌル上ハ、重仁親王ヲコソ帝位ニ可被備ニ、思ノ外ニ、又、四宮ニコサレヌル事口惜』トヲボシメサレケル。御心ノ行カセ給方トテハ、近習ノ人々、『如何セン』ト常ニハ御談合アリキ」。工事の問題ではないが、日本の談合の歴史は古い。工事にかかわる談合が実際に始まったのは、徳川家光の時代の後の頃らしい。そして、明治維新後の国家にとっての最大の公共工事であった鉄道建設にあたって、業者への発注に伴い半ば必然的に談合が定着していったようだ。

談合は日本固有の問題ではないようだ。フランス国鉄の総裁だったルイ・ガロワ氏に「日本では公共工事の分野で談合が問題になっている」と言うと、「公共工事で談合がない国など、世界にあるかね」という返事が返ってきたほどだ。特に日本は長年の間、乏しい物を分け合って生きてきた一種の共同体的性格の強い社会だと思う。その点、競争原理が原則のアメリカなどとは違う社会組織が今も生きている。その大きな原因の一つが天下りにあるような気がしている。きちんとした積算に基づいた価格で発注した工事を、必要以上の競争を避けて企業間で配分し、手抜き工事を避け、きちんとした複数の企業が共存するようにするというのは、一つの社会のあり方でもある。ただ、この工事の価格が必要以上に高く、競争をしないがために、技術の進歩が止まるようでは困る。天下りは、そうした悪い風土を生む根源になりうるところが問題なのだ。

そもそも企業が天下りを受け入れるのは、そのためにかかる費用以上の効果があるからに他ならない。それは工事費の価格にはね返ったり、本来秘密であるべき発注側の情報の取得をしたりするという形になる。最近よく報道されるように、受注額が予定価格とほとんど同じというのは、その明確な証拠だろう。発注側も天下りを受け入れてもらうために価格を高めに決めるということも起こりうる。それが前述したように「国鉄が買う品物や発注する工事は世間より3割は高い」という現実を生み出し、性能の劣ったエンジンを使い続けるという結果になったのではなかろうか。天下りは価格だけの問題ではなく、技術進歩を阻害するという点も大きな問題なのだ。ある大手電機メーカー幹部は「公共工事を担当している部門には、国際競争力はない」と語ってくれた。

「アルカディア」号の事故の後、山下会長は日本の主な車両メーカーの工場を訪問された。帰って来られて私に「あれはひどいね。まるで昔の町工場だね」とおっしゃった。それはそうだろう、談合で安定した発注があり、天下りの幹部を引き受けさえすれば言い値で買ってくれるなら、誰がわざわざ設備投資までして生産性を上げコストダウンをする努力などするだろうか。ＪＲ東日本が本格的に車両の価格破壊に取り組み出してから、多くの車両メーカーで設備の近代化が進んだのも事実であるし、建設工事部門が技術提案方式に転換したのも、その意味では大きな変化だと言える。

第5章　技術をインソーシング化する

車両新造工場の新設

ＪＲ東日本が発足して間もなく、私は当社にある8工場を訪れてみた。国鉄時代は、運転部門で働いていた私が工場を訪れることは、はっきりした理由がないと難しかった。セクショナリズムの悪い体質の表れだった。しかし今は、民営化して鉄道事業本部長の身、堂々と訪問できるし工場も歓迎してくれた。

そこでは古い車両の部品をすべて取り外し、車体の塗装もすべてはがして、傷んだ車体の部分に継ぎ板をあてるという、汚れと錆にまみれた作業が行われていた。一部の工場では車体の大改造工事もやっていた。工場作業の見学を終えて事務所に戻り希望を尋ねると、ほとんどすべての工場で「もう古い車両の修理だけでは嫌です。ぜひ新車を製造させてください」と言う。

社員の希望はぜひ実現させてやりたい。それが「社員が『ＪＲになって良かった』と思ってもらう」原点だからでもある。それと同時に、もうこうした仕事はなくしたかった。車両の寿命は半分にすべきなのだ。ただそうすると8カ所もある工場の半分は要らなくなる。合理化は進めていかなければならないが、それだけでは社員の士気は落ちる。考えた末、新しい車両の製造に踏み切ることにした。

これは、国鉄時代は民業圧迫になるとしてタブーだった。しかし、もはやJR東日本は普通の民間企業なのだ。車両を新造してはいけないという理由はない。そこでこのことを山下会長に申し上げたところ「ぜひやりたまえ」というお許しが出た。ただ、多くの工場を新造工場にするわけにはいかない。やはり物事には節度がある。新津工場（新潟県）を候補に決めて、本格的に車両新造の計画に取り組んだ。他のモデルになるような、世界一近代的な車両工場を作れという指示を出した。

だが、いざ本格的に車両の新造を手がけるとなると、そう簡単ではないことがわかった。確かに大規模修理や改造を手がけてきた経験はあったが、本格的な新造となると、やはり経験不足は否めない。製作図面の作製、治具の整備、工程管理など、車両メーカーからの知恵を借りないととてもできそうにはない。当社自身が車両を新造するということは車両メーカーにとっては仕事を奪われるということに等しい。事実、鉄道車両工業会などからは国鉄のOBたちを中心にして、猛烈な反対の声が上がっていた。そうした状況の中で当社に手助けをしていただける企業があるだろうか。

失礼を覚悟の上で、東急車輛製造の戸沢孝寿《とざわたかひさ》社長に協力をお願いした。最初は非常に悩んでおられるご様子だったが、最後には快く協力を約束していただいた。当然、他の車両メーカーからの厳しい批判もあったはずで、苦渋の決断であったに違いない。さらに、近代的な工場を造るために三井造船の力もお借りした。

そのお陰で1994年6月にJR東日本「新津車両製作所」が正式に発足した。この工場には最新式の工作機械が並び、先端的な設備の車両工場が誕生した。このJR東日本にとって大変な冒険ともいえるプロジェクトが成功できたのは、車両を新しく製造することについて懇切に教えていただいた、戸沢社長以下東急車輛製造の技術陣の方々のお力によるところが大きい。また、この工場で働く社員の半分以上は従来の車両修理部門以外から来た人たちだったのだが、この素人集団ともいうべき寄せ集めの社員を束ねリードしてくれた、初代所長、衣笠善雄《きぬがさよしお》氏の功績も大きい。

この工場でどのような車両を製造すべきか。特急用の車両など独創的な車両を造るべきとの意見もあったが、都市交通用の車両を製造することにした。その方が安定した受注があり、単一の車種だけに生産を特化できるので有利だと考えたからである。当初は3日に1両の製造という能力だったが、その後次第に実力をつけ、現在では年間250両の車両を製造している。山手線や中央線の電車に乗られた時に、車両の両端部の左上に「新津車両製作所」と書いてある車両が当社の自社製作車両で、その字は山下初代会長の筆になるものである。この工場を新設する時にお

新津車両製作所

世話になった東急車輛製造には、ご恩は忘れてはいけないので、新津車両製作所で製造している車両と同じ形式の車両の製造を引き続いてお願いし、その他の多くの車両の製造もお願いしている。

新津車両製作所の完成によって、当社は車両の製造から運行、保守に至るすべての知識と技術を持ち、使用上の問題点をすぐに製造部門にフィードバックできるようになった。それだけでなく、本当の車両の製造コストを知ることもできるようになった。正直なところ、最初の数年間は当社製品の方がかなり割高であった。車両工場を新しく作るための設備投資のコストが重くのしかかっていたのと、当社の社員の人件費が車両メーカーの人件費よりもかなり割高だったからだった。だがそれも、やがて設備の償却が進み、製造両数も増加していったので、現在ではメーカーにひけをとらないコストで製造している。

新津工場が発足した当時、当社は多くの余剰人員を抱えていたし、新津工場の車両修理業務を廃止しても、他の工場に、修理するだけの余力が十分にあった。従って、こうした新規事業を行うことは総合的に見ると新しい収益をもたらし、欠損を生む事業ではなかった。これは間接的にうかがった話だが、川崎重工業の大庭社長がこのプロジェクトのことを知って「うーん、俺でもそうする」とおっしゃったとか。

技術開発への挑戦

山下会長は当社にお見えになって間もなく、「JR東日本は技術サービス産業だ」とおっしゃった。これは、当社の事業の本質を突いた至言だと思う。確かに鉄道事業はお客さまや貨物を運ぶサービス産業であることには間違いない。だが単なる接客サービスでなく、高いレベルの技術によって支えられている産業なのである。その底に深い技術力が存在しているからこそ、安全で良質なサービスを提供できている。サービスと技術こそが当社の車の両輪とするならば、サービスの改善と同時に、その技術力を高めていくことが当社にとっての最大の課題となる。

それではJR東日本が発足した頃の技術力はどうだったか。残念ながらそのレベルは非常に低かったと言わざるを得ない。新幹線の車両は開業した時とほとんど変わっていなかった。82年に開業した東北・上越新幹線用の車両は、防雪対策のために東海道・山陽新幹線の車両とはかなり設計を変えてはあったが、その基本的な構造と性能は最初の車両と大差はない。国鉄の末期に登場した100系と呼ぶ車両もマイナーチェンジに過ぎなかった。在来線の特急電車に至っては、極言すると58年に登場した「こだま」とあまり変わりはないという感じだった。大都市交通用車両についても事情は同じ。60年代に設計した103系と呼ぶ車両がまだ主役で、ようやく85年、山手線にステンレス製の車体の新型車両が登場していただけだった。

そして前述したように、あれだけ多くの電車を短い間隔で走らせている首都圏の中央コントロールセンターには、電話以外に情報設備がなかったし、走行中の列車と連絡を取るための無線の整備もようやく緒についたばかりの状態だった。かつて世界に先駆けて新幹線を走らせたあの国鉄の技術陣は何をしていたのかというお叱りを受けても、やむを得ない。私自身もその一員として内心忸怩《じくじ》たるものがある。言い訳は許されないが、それには多くの理由がある。トップマネジメントや中堅幹部の技術への無理解もあったが、最大の問題は組合問題だったと言っていい。

70年頃の「マル生運動」という労使間の激しい対立で、経営側が大幅に労働組合に譲歩した結果、その後は経営上のほとんどすべての問題が労使間の議論の対象となることになり、何事も労働組合の了承無しには実現できなくなった。合理化、勤務制度の変更などは当然としても、新型車両の導入、新しい技術の採用、さらには列車ダイヤの変更や臨時列車の運転に至るまで、労働組合にその内容を説明して了解を得ることが必要になった。労働組合の言い分は、たとえば新型車両が入ると労働条件が変化する。その技術の内容を組合員に説明する必要があるからだという理由で。それが合理化につながる場合には、激しい論争になることもある。その際に労働組合の常套手段は「安全上問題がある」と主張し、合理化を阻止するか、その規模を少なくさせることにあった。

さらに、新しい車両の技術について教育することは通常の勤務以外の余計な仕事なので、たとえ勤務時間内であっても超過勤務手当を出せと主張した。これは規則違反になるのだが、何かを出さないと交渉は決裂し、その後は一切の交渉を拒否すると宣告する。従って技術開発の問題もその例外ではなかった。試運転を一回やるだけでも、その内容について詳細に説明する必要があり、たとえばスピードアップの試験などには「安全上問題だ」と抵抗し、「試験を行う際に現場の人員を増やせ、特別な手当を出せ」などという議論を何回もやらねばならない。労働組合はそもそも列車のスピードを上げることには基本的に反対であった。同じ距離を走るのに勤務時間が短くなるので、人員の削減につながるのと勤務密度の強化になるとしてであった。

普通の企業であれば、こうした労働組合との協議はその担当部門だけで行う。ところが労働組合がここまで経営の内容に口を出すようになると、とても労働組合との折衝を担当する職員局だけでは対応できないし、技術的な問題となると、とても労務担当部門では回答できない。そこで個々の問題についてはそれぞれの技術部門が対応せざるを得なくなった。職員局は交渉の開始と終了時の挨拶をするだけで、あとはすべて技術部門が実際の議論をするというのが珍しくなくなった。

こうなると、毎日が労働組合との交渉に明け暮れていった。しかも、ダイヤ改正、合理化などの問題が労働組合との交渉の重点テーマとなるので、技術開発に至っては交渉の時間すら取れない。それだけではなくすべての問題が労使交渉の対象となるので、技術部門でも労使交渉を担当するポストが一番重要となり、有能な人材はそうしたポストに配置するようになる。さらに新しい技術を導入すると、やっかいな交渉をしなければならないので、新しい技術の導入には自然と消極的になっていく。国鉄の末期には、技術開発に対する情熱はすっかり失われていた。

こうしたことが、国鉄の技術の進歩を止めた最大の理由だったと思う。こうした事実を山下会長に申し上げたところ、思わず絶句された。

私が若かった頃は、そうではなかった。多くのエンジニアは新しい技術への挑戦に燃えていた。その最たるものが新幹線だった。もう一度あの時代に戻したい。すでに山下会長の鶴の一声で、情報システムの近代化はスタートしていたが、もっと広く各部門で、新しい技術に挑戦する気風を作りたかった。そのために最もわかりやすく、各部門の技術力を結集しやすいのがスピードアップ。もう新幹線の車両は20年以上もフルモデルチェンジしていないので、まったく新しい高速試験車を製造し、スピードテストに挑戦しようと思った。

ＪＲの他の会社も同じ思いだったのだろう。まず新幹線の長兄にあたるＪＲ東海が90年に、新幹線電車の最初のフルモデルチェンジ車両といってもいい３００系電車を製造し、翌年に高速試験を行って時速３２５キロの記録を実現した。ＪＲ東海の３００系電車はあくまでも営業用の電車の試作車だったが、ＪＲ西日本は高速試験専用の５００系を製造し、92年に時速３５０キロを出して日本の速度記録を塗り替えた。ＪＲ東日本はまず、91年に山形ミニ新幹線用に製造した車体が小さい４００系車両を使って上越新幹線で高速試運転を行い、時速３４５キロを実現、それに続いて本格的な高速試験車の設計に入った。

この試験車ではスピードだけでなく、あらゆる新しい技術についてテストをすることを試みた。

従って、この試験電車は異なる構造の車両を編成の中に組み入れた。一部の車両は従来の1両2台車方式、他の車両はフランスのＴＧＶが採用した連接台車方式、車体の構造も違うし、パンタグラフも従来の日本方式と、フランスなどがかなり前から使用している片腕方式との両方を、比較のために取り付けた。先頭部の形も騒音に対する効果を比較するために、両端をまったく違う形とした。この電車は思いきって軽くしたいと思って重さを30パーセント減らすように私は指示したのだったが、山下会長のところへうかがうと「そんなことでは駄目だ。重さを半分にしたまえ。30パーセントの削減では従来の発想から出られない。半分にすることによって発想の転換ができるのだ」とのお叱りを受けた。これは難しいのではないかと思っていたのだが、何と本当に重さが半分になった。これにはただ敬服するだけだった。

この試験電車には「ＳＴＡＲ21」という名をつけ、93年長岡〜新潟間の高速試験で時速４２５キロを記録し、日本の新幹線の速度記録を大幅に改めた。これに刺激を受けてかＪＲ東海は３年後に時速４４３キロの記録を作った。国鉄時代の技術には無関心だった時代に比べて、こうした技術の競争意識が生まれたのは非常に良いことであり、お互いに刺激になる。これも民営分割の成果ではないかと思っている。

最近フランス国鉄は、新しく完成したＴＧＶ東線で時速５７４キロというとんでもない記録を出した。日本ではできないのか、日本の新幹線の技術はフランスに劣るのか、という疑問をもたれる方がおられるに違いない。この記録が実現できること自体、フランスの鉄道技術、特に高速

「ＳＴＡＲ21」

運転技術が高いのは事実だが、日本では不可能な理由が二つある。

第一に、これだけの高速運転ができる直線区間が日本の新幹線にはない。ＪＲ東日本の「ＳＴＡＲ21」が時速４２５キロを出した時に、私も運転台にいたが、まだ速度は徐々に上がっていた。しかしすでに終点の新潟駅が近くなり、ブレーキを掛けないと危険な限界に近づいていた。もう少し長い直線区間があったならという残念な思いがあった。フランスのＴＧＶ東線はまったく平坦な地域を通っている。この線を計画していた段階からすでにこうした高速運転の実施を意識して、長い直線区間を設けていたのではないかと思う。ＴＧＶ大西洋線で時速５１５キロの記録を作った時にもそう感じた。フランスは用意周到なのである。

もう一つの理由は、日本の新幹線が電車方式なのに対して、フランスのＴＧＶは機関車方式であること。機関車方式のTGVは両端に強力な機関車を持ち、中間のお客さまの乗る車両は一部の例外を除き、電動機のついていない客車。従って、この中間に連結している客車の両数を減らせば、列車重量あたりの出力を大きくできるので、思い切った高速運転が可能になる。ところが日本の電車方式では各車両に原則として電動機を持たせているので、中間の両数を減らしても重量あたりの出力は大きくできない。今回のフランスの高速試験では、それだけでなく中間に連結する客車を3両に減らし、この客車にも電動機を持たせて一種の電車とした。さらに、特殊な強力な電動機を機関車に積み、動輪の直径は高速用に大きなサイズのものを取りつけ、架線電圧も高くし引っ張り力も強くした。特別な高速運転をこうまでして実現したのだった。確かに技術力のPRにはなる。ただこうしてまで高速運転をする意義はどこにあるのか。実用とはまったく違う次元の話で、このテストの成果が営業列車にすぐに反映できるとも思えない。

反対に、毎日の営業運転では電車方式の方が高速運転に適している。機関車方式では、ある速度以上を出すためには機関車の出力を大きくしなければならない。だが、速度がある限度を超えると機関車をよほど重くしない限りスリップしてしまう。これを専門用語では粘着限界と呼んでいる。一方の電車方式では、各車両に電動機を持っているので、この電動機の出力を上げれば列車の重量いっぱいまで出力を大きくすることができる。ドイツの高速列車ICEがICE3型から電車方式に転換したのもおそらくこのためだろうし、フランスもこうした高速試験を実施する一方で、電車方式の高速列車AGVの開発を進めている。

私自身は、住田社長からご注意を受けてから高速化には慎重な姿勢に転換した。技術のためだけの技術開発であってはならないし、技術開発はあくまでも経営に貢献できることを常に念頭においておかなければいけない。そのことを部下にも承知してもらうためだった。最近ＪＲ東日本は、高速運転の実現を目指して新しく試験列車を造って試運転を続けている。新しい技術に挑戦すること自体は悪いことではないし、そうした意欲が湧いてきたこと自体はむしろ歓迎すべきだと思っている。

ただ、毎日の営業運転の実施に際してはぜひ慎重であってほしい。私の経験でも、スピードを一度にかなり上げると、予想もしなかった新しい問題に往々にして出あう。東海道新幹線が開業した時には、騒音問題、耳ツン問題、雪対策という問題に直面した。85年に新幹線の最高速度を時速２４０キロに上げた時には、専門的になるが微気圧波問題という新しい課題が生まれた。これは高速で列車がトンネルに入ると、トンネルの出口で大きな空気の振動と騒音が発生するという問題である。そして90年にごく一部の列車の最高速度を時速２７５キロに上げた時には、線路の下に敷いてあるバラストを巻き上げるという問題に直面した。速度を大幅に上げると常に何が起きるかわからないという慎重さだけは、持ち続けていてほしい。

その点、フランスは慎重である。最初のＴＧＶが運転を開始する前に、日本の東海道新幹線建設時の３倍の距離の高速試運転を実施した上で、まず時速２６０キロで営業を始め、２年後に時速２７０キロに上げた。そうした経験を積んだ上で、９年後に開業した大西洋線では開業前に時速515キロという高速試験を実施した上で、実際の営業運転では世界で初めて時速300キロを実現した。そして今回も、驚くような高速試験を実現しながら実際のTGV東線の開業では時速320キロでスタート。今後、この速度を上げてくる可能性は大きいと思うが、あくまでも慎重で、ちゃんとステップを踏んでスピードを上げている。試運転とは違って実際に毎日きちんと列車を走らせることの難しさ、技術の怖さの本質も良く知っている、侮りがたい相手なのである。

新幹線だけでなく、前述したように大都市交通用の電車の構造と性能も革命的なほど変わった。中央快速線を走っている旧型電車を最後に、東京の都心部からは国鉄当時に設計した旧型電車がほぼ姿を消すが、これが国鉄の技術からJRの技術への変化のシンボルのようにも見える。とはいえ私は、旧型の電車にも一種のノスタルジーを感じている。

架線の構造も大きく変わった。新しくデザインした電車は、旧来の電車に比べて電車を走らせるために必要な電流がかなり少なくなったので、電車に電力を送る送電線も少ない本数ですむようになった。そこで非常にシンプルな架線構造に変え、この新しい架線構造を「インテグレート架線」と呼んでいる。東京駅の中央線の線路と架線機構は、新しい技術によって開発した架線構造なのである。線路の構造も大きく変わり、新しく考案したTC型軌道構造の区間ではもう砂利を敷いたバラストは見えない。

最も技術が進んだのは信号と情報システムの分野であろう。安全装置の要と言ってもいい新型ATSも、間もなくほとんどの線区に整備する。山手線、京浜東北線の安全を支えているATC

も、他社に先駆けて新しいデジタルATCに変わった。東北新幹線もこの新しいATCとなった。

だが、この一見最新技術に見えるATCも、実は新幹線を含めて、軌道回路と呼ぶレールに電流を流すことによって列車の走っている位置をとらえる、一世紀前の技術が基礎になっている。そうではなく、無線によって前を走っている電車がその位置を後続する電車に無線で伝え、後続する電車が先を走っている電車に近づきすぎて危険な場合には自動的に速度を落としたり、列車を停めたりする新しいシステムの開発が日本とヨーロッパで進んでいる。もちろん、曲線や分岐器での速度超過も防ぐことができる。このシステムに手をつけたのはヨーロッパのほうが早く「ERTMS」と呼んでいて、その第一段階がドイツの高速新線やスイスなどですでに実用になっているが、まだ本格的な無線制御ではない。

多くの国にまたがって列車を運行しているヨーロッパでは、一部の国だけが新しい信号システムに変えるということはやっかいな問題になる。そのため、実現が遅れざるを得ない。日本ではこのシステムを「ATACS」と名付け、仙石線で試験を続けていて、近く本格的に使用する計画が進んでいる。

新幹線のコントロールセンターも、前述したように、大型の列車位置表示装置を見ながら列車の運行を制御するという旧式なシステムに代わって、指令員の前には小型の情報パネルが並び、そこには列車ダイヤがグラフ状でそのまま表示してあって、列車が時刻どおりに走っている時には、各列車の運行計画を示している線は緑色だが、列車が1分以上遅れるとこの線が赤色に変わる。その線にコンピュータのポインタを当ててクリックすると何分遅れているかを示してくれるし、その後の運行状況の予測も表示できる。

電話しかなかった首都圏の列車運行管理センターにも、同じようなシステムがすでに完備している。この新しい情報システムには、従来新幹線のCOMTRACなどで採用していた大型ホストコンピュータがすべての情報を持ち各列車の運行を管理するというシステムとはまったく違う、自律分散制御システムを採用した。世界のIT技術そのものが、インターネットに代表されるように、すでにその方向に変化していたからである。このシステムには、もはや中央の大型ホストコンピュータはなく、各駅にある小型コンピュータが列車の運行を制御する。もし列車に遅れなどが出ると、この駅にあるコンピュータが情報回線を通して全システムに流し、中央にあるサーバーが必要な変更指令を出す。これによってシステム全体が非常に簡素になり、故障にも対応しやすくなった。このシステムは日本で最初の大規模自律分散システムである。このシステムの開発には、東京工業大学の森欣司《もりきんじ》教授と日立製作所に大変お世話になった。

こうした最新型コンピュータシステムが入る一方、各駅にある信号装置は非常に古いもので、大きな駅になると大変な数のケーブルを張り巡らして信号機や分岐器の制御を行う、古いシステムのままだった。従って故障も多かった。もはやこうした技術を使う時代ではない。少数の光ファイバーで情報の多重伝送を行えば、ケーブルの数を各段に少なくできる。すでにこの新しいシステムは常磐線土浦駅で試験を行って良好な結果を得ている。このシステムは駅の制御センターからの情報伝送方式の技術革新であったが、さらに駅の分岐器などの末端の制御情報も光ファイバーで行う新しいシステム第1号を、07年2月から武蔵野線市川大野駅に導入した。今後複雑な配線を持ちケーブルの多い駅を中心に、順次この新システムに変えていくことにしている。このシステムが普及すると、一世紀ぶりともいえる信号技術の革新となる。

いまや、JR東日本は巨大なIT企業になったともいえる。決してIT技術の開発企業になっているわけではないが、鉄道の分野でのソリューションでは世界に先駆けた多くのシステムをすでに開発導入しているし、自社に5000キロを超える光ファイバーネットワークを持っている。さらにJR東日本が保有しているサーバーの台数は2800台、その端末の数は1万9000台にも達する。すでに述べた自律分散システムのネットワークは、おそらくこの種のシステムとしては世界最大の規模のシステムといって良いだろう。それだけではなく、座席予約、インターネットを利用した情報サービスと座席予約、カード事業、Suicaシステム、さらには列車の運行とお客さまへの情報システムなど膨大なITネットワークを持つ企業となった。いまや列車は単にレールの上を走っているわけではない。レールと並び情報ネットワークが、列車を走らせるために欠かせないインフラストラクチャーにまでなった。

06年の10月に、フランス国鉄のTGVを担当している専門家8人が日本を訪れた。私も一夜招かれて懇談したのだが、突然の、しかも私だけのご招待だったので、「今回の日本訪問の目的は何ですか」と質問すると、「今回日本に来てみて、民営化後の日本の鉄道の技術進歩に驚愕した。

特にＪＲ東日本が素晴らしい。あの新しい情報システムには衝撃を受けた」と語り、さらに「日本の新幹線の車両を買えないか」とまで言う。これには私の方が驚いて「ＴＧＶはフランス鉄道の技術の誇りでしょう。それなのになぜ」と問うと、「ＪＲ九州で新幹線の価格を聞いたが、フランスより30パーセントは安い。数年後に、ヨーロッパの鉄道の運行にはいろいろな企業が自由に参入できるようになる。このままではわれわれはこの新しいシステムでは参入できなくなる恐れがある」とのことだった。

このことはフランスだけではなく、イギリスの新聞にも大きく報道されたのだが、その後とりあえずこの話は立ち消えになった。それはそうだろう、ＴＧＶはフランスの技術のシンボル。政治的にも許されるはずはない。

パリとロンドンとを結ぶ国際ＴＧＶ「ユーロスター」は、フランス側は時速３００キロで走れる高速新線が最初から完成していたが、イギリス側は在来線の上を最高時速１６０キロで走っていた。そのイギリス側の高速新線も最近完成し、所要時間もかなり短縮されたのだが、この高速新線には「ユーロスター」だけではなく、ロンドンとイギリス国内の都市とを結ぶ高速列車も走ることになる。そのための車両は日本の日立製作所が受注に成功し、２００両近い高速電車がイギリスで走り出す。最近大手の鉄道車両メーカーの首脳が「ＪＲ各社からの厳しい要求に必死になって付いていったら、世界一になっていた」と語っておられたが、国鉄民営化の結果、多くの分野で鉄道技術の革新が進み、日本の鉄道技術は間違いなく世界をリードするレベルとなった。

国鉄改革は日本の鉄道産業界全体の改革にもつながったと確信している。

技術のインソーシング

ＪＲ東日本が発足して間もない頃に、水戸の建築区という現場を訪れた。みすぼらしい建物で、社員の数も多くはない。「いったい、この現場ではどういう仕事をしているのか」と尋ねたところ、「駅や社宅の修理を担当しています」という答えが返ってきた。本社に帰って建築部門の幹部に建築技術者の数を尋ねると、「1、2級建築士が約1000人います」と言う。それだけの技術者がいながら、やっている仕事は駅と社宅の修理だけというのはいかにも情けない。当時はバブル経済の真っ最中で、あちこちで新しいビルの建設が進んでいた。そこでは、多くの建築技術者たちが創造的な仕事に生きがいを感じて働いているに違いない。それなのに当社は、1000人近い建築技術者がいながら建物の修理だけをやっている。もっと創造的な分野でこうした人材を活用できないかと思った。

車両部門と同じ構図なのである。それだけではなく、建築部門というのは国鉄時代から技術部門としてはやや脇役的な存在で、幹部にしても本社には課長より上のポストがなかった。これでは士気も上がらないのではないか。当社もすでに多くの駅ビルなどを持ち、関連企業がその設計などを担当してはいたが、当社の建築部門をそっくり分社化して自由に創造的な仕事の分野に進出した方が良いのではないか。そうすればいちいちＪＲ東日本社内のわずらわしい手続きなどをせずに意思決定もできるし、他の建築専門企業とのお付き合いも深めていける。可能ならば、当社以外の建物の設計にも進出できるのではないかと思った。

そこでＪＲ東日本が発足後まもなく「㈱ジェイアール東日本建築設計事務所」を設立した。そして建築部門には、建物の保守・修理という、やはり地味ではあるが大事な部門がある。そのために「ジェイアール東日本ビルテック㈱」も設立した。ＪＲ東日本自体がその後各地で新しいデザインの駅の建物の建設を進めだしただけでなく、広くリテール部門やホテル事業に積極的に進出していったこともあって、この両社は順調に業績と実力をつけ、もはや弱小部門どころか、ＪＲ東日本の技術部門の中核の一員になっている。

同じことは機械部門についても言えた。機械部門というのは、国鉄の技術部門の中でも最も地味な存在で、かつては同じ機械技術ということから車両局の中の一課だったが、ＪＲ東日本の発足とともに、建築部門と一緒になって旅客設備課となっていた。かつては駅や車両基地にあるボイラーやクレーン、リフティングジャッキなどの保守管理を担当していたが、やがて駅に入りだした自動券売機とエスカレータなどの保守管理に、仕事の中心が変わっていった。従って旅客設備課となっていたのだが、どちらかというと建築部門の陰に隠れた地味な存在であった。この部門もいわば日陰の存在から何とか自立させて、自動券売機ぐらいは自ら作れる集団になってもらいたい。そうした思いから、「ジェイアール東日本メカトロニクス㈱」を新しく設立し、早速自動券売機の製作にチャレンジさせた。

大宮にある車両修理工場の一角にそのための設備を作り、作業を始めたのだが、実際に訪れてみると、みずから製作しているのは自動券売機の箱だけで、肝心の技術の中核である乗車券とその情報の処理をする高度な機能の部分は、専門メーカーの製品。いきなりこうした部分まで自製化するのが無理なのは承知の上ではあったが、「これでは逆だ。中身を作って箱は外注にすべきだ」とハッパをかけた。実際には多くの特許や独特のノウハウがあって、なかなかできることではなかったのだった。ただこの会社はその後、大発展をすることになる。

情報システム部門も例外ではなかった。一応情報システム部という独立した組織はあったが、その持っている力は非常に弱く、コンピュータは専門のメーカーから購入するのは当然としても、鉄道独自のソフトウェアを開発する能力は非常に弱かった。ちょうど時代はIT革命を迎えようとしていた。やりようによっては最も発展の期待できる分野でもある。もちろん、汎用ソフトウェアの開発まで踏み込む気はないが、せめて鉄道用のソフトウェアぐらいは自ら開発できる企業を作りたい。それだけでも膨大な規模になる可能性がある。かつては日本最初のオンライン・リアルタイム情報処理システムである座席予約装置（MARS）や、新幹線の運行管理システムCOMTRACなど当時としては時代の先端を行くシステムを、メーカーと共同で開発してきたという実績もある。

そこで「㈱ジェイアール東日本情報システム」（JEIS）を設立した。最初は座席予約システムの新しい端末装置の開発や、企業の定期券一括発行システムなどを手がけたが、やがて、前述したOA化委員会で取り上げた「経営把握システム」「駅収入管理システム」「輸送総合システム」の三つのシステムの開発に全力を傾注した。なかでも「輸送総合システム」は非常に難しく巨大なシステムで、よくやり遂げたと思う。

さらに、かつては強大な調査設計能力を持っていた建設工事部門も、組織の大幅な縮小のためにかなり力が落ちかけていた。国鉄はすでに工事の設計を担当する一種のグループ企業を持ってはいたが、大規模なプロジェクトの計画、都市計画と関連した工事など、かつて国鉄の建設工事部門が持っていた調査計画能力を引き継げるように「ジェイアール東日本コンサルタンツ㈱」を設立した。

こういった各社共に、現在では順調に業績を伸ばし、同じ業界の中でも有力企業の仲間入りをしている企業も多い。広い意味でのこうした技術企業（技術系連結子会社、オブザーバー会社、関連会社）の年間営業収益は９０００億円を超え、ＪＲ東日本にとって欠かせない重要な存在であるだけでなく、その事業規模と収益は駅ビル等の事業に劣らない規模になっている。もしこうした企業群がなかったら、資金がグループ外に出て行ってしまっただけでなく、貴重な知的財産も失われていたことになる。これはひとえに、新しい会社を良い会社にしようという関係者の努力の賜物ではあるが、自立させ働き甲斐のある場を与えれば、人は燃えるものなのだ。

考えてみると、国鉄は過去の栄光の時代の残影と、国営企業というしがらみから、創造的な技術分野は部外の企業に依存し、自らは割の悪い保守修理という分野だけにとじこもっていたのではないだろうか。ただ関係企業を招いて技術の提案を受け、その中から魅力のある技術を選んで発注していただけではないのか。

国鉄の技術力が民間企業の技術力を上まわっていた時代にはそれでも良かったのだろうが、私が国鉄に入社した頃から、もうそうした力関係には変化の兆しが見え出していた。その頃にある優秀な車両設計技術者がこうした変化を感じて「俺たちはカタログエンジニアになり下がるのか」と嘆いていたことを鮮明に覚えている。事実はまさにその方向に進んだとしか思えない。もの作りの本当の技術の核心部が国鉄から次第に製造・建設企業の方に移っていくのは、時代の必然の流れでもあった。ただ国鉄の技術陣のこうした変化に対する危機感は薄く、安住していたような気がする。

ＪＲ東日本になって、私は「君らは発注技術者にすぎない。もっと創造的な技術者にならなければ」と言っていた。ＪＲ東日本は安易に他の企業の技術に頼るのではなく、鉄道にとって大切な先端的で中核的な技術のノウハウは、社内に保持すべきではないかと考えたからだった。それこそが、これからの技術企業としての最大の財産になるはずだ。最近私はこれを「技術のインソーシング化」と呼ぶようにしている。

メンテナンスの革新

　ＪＲ東日本の最初の年の決算が出た時に、収支決算書を眺めていて気になることがあった。当社の営業費用の中で列車を走らせるための動力費は５００億円あまりなのに対して、保守費は１４００億円を超える。しかもその中には、保守作業にかかわる人件費は含まれていない。試みに保守部門で働いている社員の人件費を試算して加えてみると、その額は５０００億円にも達する。社員の人数も当時は運転士、車掌などの乗務員が約1万５０００人なのに対し、保守部門で働いていた社員は2万２０００人。「当社の名前は東日本旅客鉄道株式会社ではなく、東日本旅客鉄道修理株式会社と変えたほうがいいんじゃないか」と冗談を言ったほどだった。

　保守部門にかかっている経費は、想像以上に大きい。それだけではなく、もっと問題なのはその仕事の内容。保守作業の多くは典型的ないわゆる３Ｋ作業の代表だった。ほぼ4日に一度、７０００キロ以上もある当社の全路線を歩いて線路の状態を監視しなければならない。軌道の下にあるバラストの交換作業などは肉体労働そのもの、架線の点検や修理は梯子を掛けて、高い電圧の状態で検査や修理をしなければならない。電車の全般検査と呼ぶ解体修理も本当に汚れと錆との中での作業。それだけではない。ＪＲ東日本が発足して間もない頃に、取締役会で伊藤雅敏取締役から「山之内さん、もうまさか手で旗を振って入れ替え合図などはしていないでしょうね」

と言われ、「すみません、まだやっています」とお答えしたこともあった。

私はJR東日本で抜本的に仕事のやり方を変えていかなければならない分野が五つあると考え、これを「5Kの近代化」と提唱した。ではその5Kとは何か。第一が「改札」、これはすでに自動改札へと踏み切った。次は伊藤取締役からご指摘のあった「旗振り」に代表される駅の「構内作業」。そして「軌道保守」「架線保守」、車両の「検査と修理」。

ただ、この多くを占めるメンテナンスの作業は鉄道の安全で正確な列車の運行を確保するために最も大事な部門。鉄道企業の最大の技術的なノウハウといってもいい。貴重な知的財産でもある。この技術があるからこそ、日本の鉄道は世界一正確で安全なのだ。作業を近代化するからといって、間違ってもその質が落ちるようなことがあってはならない。昔ながらの仕事の仕方をしているメンテナンス部門を早急に近代化しなければならないが、担当部門の反応は鈍かった。それまでのやり方が最善だと信じていたのだったし、そう容易に別の方法など思いつかなかったのだろう。素人が何を言うという感じだった。

やる気にさせるには、時に怒らせるのが効果がある。そこで保線部門には「汗と散歩の保線からの脱却」と告げ、電力部門には「いまどき、梯子を使っているのはJRと消防の出初式くらいのものだ」とも言った。後で聞くと「最初は皆がむっとしましたが、何かやらねばいけないと思いました」とのこと。

そこでまず、レールの継ぎ目の幅の測定を自動的にできないかと考え、親友のニコンの吉田《よしだ》庄一郎《しょういちろう》取締役に相談した。「うん、できるかもしれない。やってみましょう」と快諾していただいた。それまでは、線路の脇を歩いて隙間に定規を当てて測定していたのだった。おそらくかなり苦労があったと思うのだが、この装置が完成した。走る車から撮影したレールの隙間の映像は鮮明だったし、隙間の寸法はすぐにデータとなり、限度を超えた箇所のデータについては自動的に警告が出る。ただ、この装置はわずか3台で当社の全線の測定に十分だった。かなりの開発費を掛けられたと思うので、ニコンには申し訳ないことになった。とはいえ、実際に新しい自動的な検測装置ができたことは大きかった。その後、各部門で保守作業の近代化の研究が進みだした。

東北・上越新幹線の線路は大部分がスラブ軌道と呼ぶ構造で、従来のレールの下にバラストを敷くのではなく、コンクリート板を敷いてその上にレールを敷設してある。この構造だとレールの変形はほとんど起こらず、保守が非常に楽になる。在来線でもこうした構造に改良する研究はかなり前から行われていたのだが、なかなかうまくいかなかった。新幹線の軌道はコンクリートの橋梁構造の上に敷設してあるのに対し、在来線の軌道は土の上に敷いてあるので、スラブ構造の路盤をその上に敷設しても、通過する列車の重量のために徐々に変形してしまうからだった。

それでも軌道の基礎を固めるなど、新しい技術でこうした区間もスラブ軌道に変えられないか検討してもらった。すると1キロあたり2億円以上かかるという。非常に高価になる。そこで「キロ1億のスラブ軌道を作れ」と命令した。これには困ったようだ。「せめてキロ1億円台では」と言うので「駄目、キロ1億」。まるで競りのようだった。この問題は、テクニカルセンターがかなり時間をかけて、いろいろな方式を検討し、結論として、スラブ軌道にするのではなく、現在あるバラストを特殊な材料で固めてスラブ軌道に近い構造とし、ほとんど10年間は保守に手のかからない新しい軌道構造を考案してくれた。この新しい軌道構造を「TC型軌道構造」（TCはテクニカルセンターの略）と呼んで、現在首都圏の主要路線を中心に、改良を進めている。ちなみに、まだキロ1億円にはなっていないのだが。

架線の保守作業のためには、「軌陸車」と呼ぶ新しい保守点検用の車両を開発。この車は道路の上は普通のタイヤで走るが、踏切などから線路に入る時にはこのタイヤを上に引き上げて、その代わりに鉄道用の鉄の車輪が下りてくる。そしてそのままレールの上を走って修理点検する場所へ行く、そこでリフトが検査修理にあたる人を乗せて上に上げてくれる。これで、梯子を使う危険な作業は著しく減った。まだ全廃とまではいっていないが。

車両についても、当時6年ごとに行っていた「全般検査」と呼ぶ車両の解体修理では、部品すべてを取り外して一つ一つ点検し、車体も塗装をすべてはがして傷んだ場所を見つけてはその部分に鉄板を当てるなどして修理していた。古くなった車体の汚れと錆にまみれる大変な仕事だった。こうした作業についての調査とご意見をお願いした日本能率協会からは「JRの車両の保守作業は暴力団と同じですね。タタキとバラシだけ」という厳しく皮肉なお答えをいただいた。新しいコンセプトの車両は、もう車体を完全に解体修理する全般検査はなるべくやらないことにした。寿命半分の効果なのである。

「EAST-i」

ここまでで取りあげたのは、メンテナンスの革新のほんの一部に過ぎない。最も進んだのは各種検査の測定機器とデータの情報処理システムではないだろうか。いま、新幹線でも在来線でも、線路や架線のデータを自動測定する検査用の特別車両が定期的に主要路線を走って、必要なデータを自動測定している。新幹線には全区間について少なくとも「EAST-i」を1年に3回、在来線には電車の「EAST i-E」とディーゼル車の「EAST i-D」を1年に4回走らせている。人の目に代わって各種測定装置がより精密なデータを集め、それを自動的にチェックして修理の必要な箇所を見つけ出している。もはや散歩の時代は終わり、車で自動測定する時代へと変わった。JR東日本は新しいメンテナンスのあり方を研究するために、97年、東京大学にメンテナンス工学の講座を開いた。

メンテナンスについて外注化は問題だと指摘を受

けることがある。確かに国鉄時代から、特に線路や電気設備などの保守作業の外注化はかなり積極的に進めていて、ＪＲ東日本が発足した時にはすでにＪＲ東日本の社員自身が手を下す保守作業はほとんどなくなるに近い状況になっていた。国鉄がこうした部門の外注化を進めたのは、確かに合理化が最大の目的ではあったが、それだけではなく、当時は国鉄社員に仕事を任せておいては線路などの状態がひどくなり、安全にかかわるという事態になっていたのも事実である。

国鉄時代、私は、夜間に行う新幹線の線路の保守作業を見に行ったことがある。この頃にはまだ、保線魂を持ち、長年の間国鉄の線路を守り続けていた職員がいた。この日はバラストの交換作業だった。新幹線のこうした線路の保守作業は最終列車が通過した後の夜間にしかできない。午前零時を期してすぐに作業に入るのだが午前4時頃にはもう保守作業が終わって、列車を走らせても差し支えないかどうかを確認するための確認車が走ってくるので、実際に作業ができるのは4時間程度。

作業ができる時間になると、多くの作業員が一斉に線路の中に入る。ほぼ全員が屈強な体格の下請け会社の作業員。線路の下のバラストをかき出すためには大変な力が要るので、一つのシャベルに縄をつけて、数人でこれを引っ張りバラストをかきだす。見ていてもすさまじい迫力のある力仕事だった。感心したのは全体の仕事の指揮をとっていた監督員。この人は50歳を過ぎたくらいの国鉄職員で、職名は技術掛。多くの作業員たちを怒鳴りつけ、作業の段取りの指揮をしていた。

昔の国鉄には全国いたるところに、線路分区と呼ぶ線路の保守を担当する現場があって、自分たちの担当する区間は毎日歩いて点検していた。ベテランの職員になると、線路の脇を歩いているだけで、線路の具合の悪い場所に来ると見なくてもすぐにわかるという神話すらあった。私が国鉄に入社した頃はまだそうした体制が残っていた。作業に使うのは鶴嘴《つるはし》とハンマーだけ。歌うようなリズムで鶴嘴を正確に枕木の下に打ち込み、バラストをつき固めていく。レールを枕木に留める犬釘をハンマーで打ち込む作業も、専門の職員は実にやすやすとやっている。私も試しにやらせてもらったが、とうてい正確にはできず、鶴嘴で枕木を叩いたり、ハンマーでレールを叩いたり。簡単に見えて、実は熟練が必要な作業だった。その一方、この頃からタイタンパーと呼ぶバラストをつき固める機械が入りだしていたし、夜間に長時間列車の走らない区間では、大型の機械を揃えて、かなり長い区間のレール、枕木、バラストを一挙に取り換える作業方式の試行も始まっていた。

作業が終わって確認車と呼ぶモーターカーが作業の終了状態が完全かどうかを確認するために、ゆっくりと近づいてきた。その時に唖然としたのは、この確認車に乗っていた若い国鉄職員の態度だった。作業服のボタンの一部は外れ、靴の紐も結んでいない。いかにもだらけた態度で、ただ漫然と確認車の上から線路を見ているだけ。あの毅然とした技術掛と同じ国鉄の職員なのに、そのあまりの違いに驚いたのだった。

その後、労働組合の誤った指導の下に、保線の現場では職員が極端に働かなくなっていった。

国鉄の最後の頃の保線区の勤務はひどかった。線路の状態は悪くなるばかり。電車の動揺がひどいだけではなく、夏前にはレールが暑さのために延びるので、線路の保守状態が悪いためにレールが曲がって電車が脱線するという事故もかなり起きていた。77年頃に、上田で起きた信越線での急行列車の脱線事故、山陰線での夜行特急列車の脱線事故、東北線の青森駅付近での特急電車の脱線事故などすべて、線路の保守状態が悪いことが原因の事故であった。

そもそも、国鉄やJRが直営で線路の保守をすれば安全が保たれ、外注をすると安全性が損なわれるという議論には根拠があるとは思えない。すでに述べた国鉄末期の状態が、そのことが事実に反することを明確に示している。JR東日本は建築部門、機械部門、情報システム部門を分社化したが、これとて考えようによっては外注になる。こうした新しく作った企業では社員が伸び伸びと専門分野に特化して、かえって企業は活性化し、技術力は飛躍的に高くなった。トヨタの車でもその部品の多くは他の企業から調達している。だからといって、トヨタの車の品質が低下しているとは誰も言わないだろう。これはむしろ、外注化というより、専門の分野に高い技術力を持つ専門企業への委託とでも言うべきであり、多くの製造業でこうした専門企業に製作を任せている場合が多く見られるし、工場の設備の保守も他の専門企業に任せている場合が多い。大手ゼネコンでも、元請企業が現場第一線の仕事を直接やっていることはまずないだろう。

JR東日本の線路や電気設備の保守についても、同じことが言えるのではないだろうか。もうJR東日本自身が直接線路の保守作業をやろうとしても、現場にはそうした能力を持つ社員はいないし、やりたいと思う社員もあまりいないだろう。保守専門企業に委託せざるを得ないのが現実なのである。それだけでなく、こうした作業を監督できる社員すらいない。本当の意味での作業の監督は、前述した新幹線の保線区の技術掛のように、実際に作業を長年やってきた経験のある人でなければできない。そこで、こうした分野は専門の企業に全面的に委託することになった。問題は、こうした企業がかつての単なる下請け企業の体質から、本当の意味で高い技術力を持つ専門家集団に成長するかどうか、そして線路の保守作業には列車を走らせ、線路の状態の詳しいデータも持っているJR東日本と一体になって仕事ができるかどうかにかかっている。そのために、JR東日本の専門分野とこうした保守専門企業との連携を密にする体制を作るだけでなく、定期的な人事の交流も行っている。

地球環境大賞を受賞

ちょうど国鉄改革が実現した頃から、地球温暖化問題が大きな社会問題、さらには国際問題として取り上げられるようになりだした。国鉄改革の翌年にあたる88年6月に、アメリカのゴッタード研究所のハンセン教授はアメリカ上院の公聴会で「1950年から87年までに大気の温度は摂氏0・4度温かくなっている。このような温暖化が現れる確率は数パーセントです。ですから99パーセントの確かさで、我々は、この期間の温暖化は真の温暖化傾向によるものと言うことができます」と証言した。このハンセン証言はマスコミで大きく取り上げられ、論争の対象にもなったのだが、同じ年にカナダのトロントで開かれた会議には科学者だけでなく、官僚、政治家、産業界、ＮＧＯなど各界の人々が集まり、地球温暖化問題について熱心な討議が行われた結果、「地球温暖化が国際安全保障にとって主要な脅威の一つになりつつある」という警告を発した。

国鉄の場合、性格は違うが、東海道新幹線の開業の直後に騒音、振動問題という予想もしていなかった問題に直面し、大変な苦労をしたという苦い経験を持っている。その意味では環境問題には敏感であった。鉄道は本質的に、大量の輸送を行う分野では航空機や自動車と比較すると、CO_2の排出量が圧倒的に少なく、地球環境問題については優れた輸送機関であると言える。事実、外国を含めてこの鉄道の持つ優れた特性を宣伝し、他の交通機関よりも鉄道を利用しようというキャンペーンを行っている鉄道も少なくなかった。それは事実なのだが、だからといって、こうしたキャンペーンによって鉄道を利用する人が増えるとは思えなかったし、地球温暖化問題が世界的な大問題となろうとしている時に、自らの利点を宣伝すればよいというものでもない。自らが何をすべきかが問題だと考えた。

そこで組織を挙げてこの問題に取り組むために、92年社内に「エコロジー推進委員会」を設置して、CO_2削減、リサイクル率向上、エネルギー消費削減などについて具体的な数値目標を定め、本格的な環境問題への行動を開始した。その結果、２００８年度には目標としていたCO_2排出量を90年と比較して22パーセント削減できる見込みである。これには93年度に新しく投入した新型車両が大きく貢献している。

前述したこの209系と呼ぶ電車は旧型の電車と比較して重量が軽く、また回生ブレーキと呼ぶ装置を持っていて、電車がブレーキをかけた時には電車を動かす電動機が発電機となって電力を発生し、他の電車を動かすエネルギーとなる。この技術は決して新しい技術ではないが、信頼性やコストなどの問題のために、国鉄では採用が遅れていたのだった。それがJRになって本格的に採用するようになった。試みに計算してみると、1編成の電車を旧型から新型の電車に代えるだけで、普通の家庭の800軒分の電力を節約できることがわかった。もしJR東日本の全部の電車をこうした性能の良い電車に代えると、実に仙台市の全家庭の消費電力に相当するエネルギーが節約できる。

また社員全員にこの問題の重要性を理解してもらうと同時に、具体的な行動の一つとして「鉄道沿線からの森づくり」と名付けて、鉄道沿線での植樹運動を進めてきた。これまでに4万人近い社員がこの運動に参加し、25万本の木を植えてきた。

こうした努力を評価していただいて、97年にはWWF（World Wide Fund For Nature）から「地球環境大賞」を受賞、そして06年には「省エネ電車の開発・導入と鉄道沿線からの森づくり」に対して環境大臣から、また07年には「省エネ電車、ディーゼルハイブリッドや燃料電池ハイブリッド車両などエネルギー削減の取組み」について文部科学大臣から、それぞれ表彰をいただいた。さらに、新しい試みとして、世界で初めてといえるハイブリッドディーゼル車を開発して小海線に走らせ、改札口の通路に特殊な材料のシートを張っておくことによって微小な電力を発生させる方法にもトライしている。これは、うまくいけば、たとえば自動改札装置の電源にもなり得るものだ。まことに面白いアイデアである。

第6章　駅ナカとSuica革命

めざましく変わったサービス事業

国鉄は鉄道以外にもバス、連絡船、そして早くからホテル事業なども行っていた。東京駅にある東京ステーションホテル、奈良ホテル、そして今はないが下関に山陽ホテルなどを持っていた。国鉄は明治時代から食堂車の営業を行っていて、当時としては西洋料理を手がけたパイオニアの一人であり、そうしたことからホテル事業にも進出したに違いない。だが、国有企業という制約上、その他の事業に進出することは非常に難しかった。

戦後、他の民鉄は大規模な事業の多角化を進め、それが企業にとって大きな収益源となりつつあった。バス、タクシー、トラックなどの運輸事業をはじめ、百貨店、ホテル、観光事業、遊園地、そして特に住宅開発を中心とする不動産事業への進出は目覚ましかった。不動産開発にとって、鉄道という足を持っていることは非常に有力な武器であった。あらかじめ非常に安い価格で土地を仕入れ、その後そこに新しい鉄道路線を作れば、不動産の価値は急騰する。さらに、そこにバス、タクシー、小売業などの新しいビジネスが生まれる。これが有名な阪急電鉄の創始者小林《こばやし》一三《いちぞう》さんが始めた民鉄経営のビジネスモデルであり、戦後多くの民鉄がこのモデルに従って発展していた。中には短い路線しかない企業がその総合規模において国鉄をもしのぐ売り上げを持つ巨大なコングロマリットになったケースすらあった。

国鉄も、ただ指をくわえて見ていただけではない。だが、1960年代に入ると、やがて鉄道が交通市場を支配する時代が終わることははっきりしだしていた。当時の先進国であった欧米の鉄道がそのことを明確に示していた。このままでは駄目になる、という危機感が新幹線を生んだのだろうし、他の民鉄並みとまではいかなくとも、新規事業への進出の機会を求めていた。その第一が駅でのビル事業であった。鉄道の駅はかつて地方都市でも最も人の集まる場所であり、そこで小売業を行うことには大きなビジネスの可能性があった。だが、国鉄が駅ビル事業に進出する際に乗り越えなければならない壁は、非常に大きかった。

まず当初は国鉄がこうした駅ビルに出資することはまったく認められなかった。従って当初国鉄は出資せず駅の土地を提供して、地元の有力者からの出資により駅ビルを造らざるをえなかった。これを当時「民衆駅」と呼んでいた。その第1号が50年にオープンした豊橋駅ビルである。国鉄時代の駅ビルのシンボルとも言えるのが東京駅八重洲口にある鉄道会館だろう。

この東京駅といういわば国鉄のシンボルともいえる駅に駅ビルの工事が始まったのは52年、そして2年後に一部が完成、この当時としては非常に大きな駅ビルが完成したのは68年である。その中にキーテナントとして大丸百貨店が入ったことも、駅ビルの発展の上では画期的なことだった。同時に、地下にも広大な商店街を設け180の店舗が入っている。鉄道会館にはこのほか会議室、レストランを設けたほか、独自に駅ビルの設計事務所も持ち、他の駅ビルへのテナントの斡旋も行っていた。一種の国鉄駅ビル事業の司令塔的存在だったともいえる。その後関係者の大変な努力により国鉄自身の駅ビルへの出資も一部可能になったし、自ら駅ビルを運営するための企業として「ルミネ」も生まれた。国鉄改革当時、すでに駅ビル事業は国鉄にとって重要な事業の一つにまでなっていた。

ＪＲの発足に伴い、駅ビル等のサービス事業も大きな変革を迎えた。各地にある駅ビルはそれぞれＪＲ各社が引き継いだが、それまで鉄道弘済会が全国一体に経営を行ってきた駅の中にある売店事業、日本食堂が行っていた弁当を売る事業、そしてバス事業なども各社に分割し、それぞれのＪＲ企業が独自の会社を設立して行うことになった。それだけではない。国鉄が民営化された以上、国鉄時代にあった国営企業であるがゆえの多角経営のための制約は、基本的になくなることになる。他の民鉄と同じような事業が行える。これは、国鉄民営化を推進した人たちが民営化の効果として大きく取り上げていた点でもあった。そこで社内には百貨店事業、不動産事業へ進出したいという気運が一挙に高まっていた。その頃は今から思うとバブル経済の絶頂期でもあった。

私自身はこうした分野は担当外ではあったが、ＪＲ東日本の経営陣の一人として大きな関心を持っていた。それと同時に、当時の駅ビルを見ていてこれでいいのか、という一種の危機感も抱いていた。それは駅ビルの中身があまりにもお粗末だという点にあった。

当時、百貨店をはじめ流通業界は大きな変革期を迎えていた。たとえば、丸井が始めたＤＣブランドが大きなブームとなっていた。百貨店の商品展開は大きく変わりだしていた。それは一つには海外の有名ブランドの進出であり、もう一つは伝統的なお店に代わって、ＤＣブランドなどに代表される新しくて変わりやすいファッション時代の到来であった。そこで我が家の家内と娘に「買い物に行くとしたら、どこへ行く？」という質問をした。家内の返事は「髙島屋か伊勢丹」。それに対して娘の答えは「ＰＡＲＣＯ、西武、丸井。お母さんの行くところはもう古いわよ」というものだった。

「ルミネは？」と尋ねると、「行かない、良いものがないもの」と素っ気ない。そこで「いま人気のあるブランドは何？」と尋ねると「さあー、アニェス・ベーかエヴーかしら」という返事だった。20年ほど前の話である。すぐに家内と娘と一緒に、銀座にある百貨店を訪れた。そこには広いアニェス・ベーの売り場があった。素人の私でも、若者に人気のありそうなことはわかる。翌日、本社に出勤して新しい事業を担当している者に「アニェス・ベーを知っているか」と尋ねたが、誰も知らないと言う。

その後間もなく、もう故人となった丸井の三国嘉克《みくによしかつ》専務を招待して話を聞いた。丸井がどのようにしてＤＣブランドを開発したのか知りたかったからだった。彼は私と富山師範（現富山大学）付属小学校で同じクラスだった。彼は冷ややかな顔で「お前らはどうせファッションの流れだとか、顧客の好みの変化などという議論をしているのだろう。丸井が新宿に店を出した時に何が起きたか知ってるかい。多くの仕入れ先が、丸井に商品を入れたら取引はやめると伊勢丹に言われて納品を断ってきた。そこで苦労して開発したのがＤＣブランドなんだ。それが当たっただけさ。現実はそんなもんなんだ」

そういう私自身、ルミネで買い物をしたことはなかった。そこで実際にどうなっているかこの目で見てみようと、ある日、半日を掛けて渋谷の主だった店を歩いてみた。まず丸井、続いてＰＡＲＣＯと西武百貨店、それに続いているＬｏＦｔとＷＡＶＥ。さらに道玄坂を上って、当時坂の途中にあったやや成人向きのお店の東急１０９、その裏の西武のクワトロ。そして東急ハンズと東急百貨店本店、最後に東急東横店。駅ビルとの違いを嫌というほど感じさせられる思いがした。

その後、ＪＲ東日本が新しくオープンした恵比寿と大井町のアトレ、そして全面改装をした川崎駅ビルにも行ってみたが、とても魅力がある店舗があるとは思えなかった。ちょうどバレンタインデーの後だったので、なにかお返しの品物を買おうと思って入ったのだが、こんな店の品を送ったら恥ずかしいというような品が並んでいた。人の出入りの多い駅という立地に過度に自信を持っているだけで、この程度の知識と関心のレベルでは、とうてい競争の激しい小売業界に参入することなど難しい。海外の高級ブランドはもちろん、国内の有名店もおそらく出店してはくれないだろう。百貨店が持つ広い外商の組織もない。私は社内では、百貨店事業に進出することに強く反対していた。

その百貨店自体も、その頃から大きく変わりだしていた。83年に我が家を改築した時に、家内がアメリカ製の大型冷蔵庫がほしいというので、髙島屋を訪れると、折から冷蔵庫のセールス中で、9階の特設会場には国産はもちろん、アメリカ製の大型冷蔵庫もいくつか置いてあった。その時に買った冷蔵庫が故障して、もう修理不可能というのでまた髙島屋を訪れた。売り場案内には家電製品は5階と書いてあったので、5階へ行ったが冷蔵庫はおろか家電製品すら見当たらない。念のため、もう一度売り場を回ってみると、狭い売り場に冷蔵庫が申し訳程度に3台置いてあった。すでに家電からはほとんど手を引いたという感じだった。そういえばかつて広いスペースを占めていたカメラ売り場もない。こうした商品はカテゴリーキラーと呼ばれる量販店の安値攻勢の前に撤退せざるを得なくなったのだろう。もう百貨店ではなく五十貨店と言った方が良いのではないかという感じすらした。さらに婦人服の売り場を回ってみると、いろいろなブランドのコーナーが多く、自前で商品を仕入れた売り場ではないテナントの売り場が多くなっていた。これは百貨店の駅ビル化ではないかという感じすらした。

かつて、特に東京など大都市の駅ビルは一種の売り手市場で、テナントとして入居希望者が多かった時代があった。そして特定のテナントが全国の各駅ビルに出店していて「駅ビルブランド」と呼んでいた。国鉄時代には、こうしたテナントが新しく出店する際には多額の敷金を取っていた。そうすることによって、駅ビル建設の際に必要な多額の資金負担を少なくする狙いがあった。だが、いったんそうしてしまうと、その店の売り上げが落ち流行遅れの店舗となっても、出て行ってもらうことは難しい。それに加えて国鉄の駅ビルは完全なテナント方式で、その経営者は小売部門の専門家ではなく国鉄のOBがほとんどだった。駅ビルを作るのはOBの就職先を作るのが目的だったという感じすらしていた。こうした体質を変えないと、本当の意味でのビジネスとはならない。

その駅ビジネスが、2000年頃から大きく変貌しだした。私自身はこの年にJR東日本を離れ、宇宙開発という予想もしていなかった分野で働くことになっていたのだが、まずびっくりしたのは品川駅の変貌だった。かつては貧弱な薄汚い駅の代表のような存在だったのが、駅内の通路のデザインは驚くほど綺麗になり、それまでのいかにも昔風なお店に代わって、新しい、魅力のある店舗ができていた。ただお土産を買うのと、簡単なあまり美味しくもない食事を取れるだけの場所だったのが、一種のやや洒落た商店街に変わっていたのである。そして04年には東口に新しい駅ビルアトレもオープン、ここは私の元秘書がこのビルの開設に携わっていたので、開業した時に訪れたのだったが、かつての駅ビルブランドからは完全に脱して、かなりお洒落な商業ビルができていた。

この頃から当社のこうした事業は、本格的なセンスと戦略を持ち出したように思う。「駅ナカ

生まれ変わった品川駅

ビジネス」という言葉すら生まれるようになった。ルミネもかつての古臭いお店の並ぶビルというイメージから脱して、新しいファッションの先頭を追っている感じが出てきた。あのイトーヨーカ堂の伊藤さんが「山之内さん、最近ルミネは変わったね」と言ってくださるようになった。

私の家の最寄駅である高円寺駅も、06年に大変わりした。それまでは緑の窓口と券売機が並んでいただけの場所にはコンビニの「NEWDAYS」、パンのお店「リトルマーメイド」、月ごとに出る店の変わる「マンスリー・スイーツ」、そして今ふうのコーヒースタンド「Becker's コーヒー」になった。そして駅の前には当社のビジネスホテルの「ホテルメッツ高円寺」も完成した。小規模ながら、これは当社のサービスビジネスの一つのモデルだという感じもしている。まず、長年ただ駅の業務にだけ使っていた貴重な場所を、商売の場所に変えた。そして、決して高級でも最先端でもないかもしれないが、こうした立地に適したお店を並べホテルも造った。ちゃんとした戦略が感じられる。

東京だけでなく大宮、高崎、新潟、仙台の駅もＪＲ東日本発足当初とは一変した。特に品川駅や大宮駅内にできた「エキュート」には新鮮な魅力すら感じる。大宮に住んでいる私の宇宙機構の元秘書は流行の先端に敏感なのだが、かつてはルミネにはあまり行かなかったのが最近は「買い物をするのは駅の中か、ルミネ、そしてそごう。そこがほしい商品が一番揃っている」と言うほどになった。最近オープンした立川駅のエキュートに訪れてくださった伊藤雅敏さんは「あれは良くできていますね。新井さんが担当するようになってから変わりましたね」と言ってくださった。新井さんとは、ＪＲ東日本の新井良亮《あらいよしあき》常務取締役事業創造本部副本部長である。

こうしたリテール事業だけではなく、ホテルも鉄道企業にとっては大切な進出できる分野。現在ＪＲ東日本は「ＭＥＴＳ」と呼ぶビジネスホテルを中心に41のホテルを運営している。

こうした目覚しい活動の結果、ＪＲ東日本が発足した当時はほんのわずかな額しかなかった、駅ナカビジネスや駅ビル、ホテル、オフィスなどの運輸以外の分野での事業からの収入は、30パーセントにもなった（連結決算）。ＪＲ東日本のこうした部門からの収入は、土地の賃貸料として決算には出てくる。駅ビルや売店、駅ナカショップなどはすべてテナントが運営しているからである。もし百貨店などと同じようにこうしたテナントの売り上げもすべてＪＲ東日本の売上高と仮定して計算すると、その額は１兆２５６０億円にもなり、日本の小売業売上高ランキングで

◎駅別乗車人員増加ベスト10(新幹線＋在来線)

1日平均(単位・人)

順位	駅名	1987年度	2006年度	増加数
1	品川	179,620	308,681	129,061
2	新宿	650,605	757,013	106,408
3	横浜	301,099	391,185	90,086
4	秋葉原	117,572	200,025	82,453
5	大崎	32,319	101,941	69,622
6	大宮	169,237	233,719	64,482
7	恵比寿	74,942	135,318	60,376
8	東京	328,981	382,242	53,261
9	立川	101,358	152,974	51,616
10	渋谷	390,343	430,675	40,332

◎乗車人員ベスト10(2006年度)

1日平均(単位：人)

順位	駅名	平均乗車人員
1	新宿	757,013
2	池袋	570,650
3	渋谷	430,675
4	横浜	391,185
5	東京	382,242
6	品川	308,681
7	新橋	240,512
8	大宮	233,719
9	高田馬場	203,781
10	秋葉原	200,025

はセブン&アイ・ホールディングス、イオン、ヤマダ電機、ダイエーに次ぐ第5位となる(06年度)。

だが、仙台などを除く地方都市の駅ビルの経営は大変苦しくなっている。こうした地方都市では、人々が集まる場所はもはや駅前の旧商店街ではなく、郊外に広い駐車場を持つ大型ショッピングセンターに移り、駅前はシャッター通りと呼ばれる状態になった。もうここには通学の学生ぐらいしか人が集まらない。かつてはいわゆる駅ビルブランドのお店が、大都会で利益を上げられるので、こうした採算のとり難い地方都市の駅ビルにも出店してくれた。もうそれも不可能となった。いま、青森などでは旧市街の再生事業が試みられているが、すっかりひどくなってしまった地方都市では旧市街をどうするのだろうか。

その意味では、新幹線の開業が都市に与える大きな影響に注目する必要があると思う。たとえば、東北新幹線沿線の大宮、仙台、盛岡などの都市では、新幹線の開業により、駅周辺だけではなく都市全体が驚くほど変化した。熊谷、高崎、小山、宇都宮などは一種の東京のベッドタウン化して、駅の付近にマンションや大型駐車場が林立している。

面白いのは10年前に開業した長野新幹線の安中榛名駅で、まず、新幹線の工事が始まる前には満足な道すらなかった場所に住宅地の開発が進んでいて、すでに分譲した地区には多くの新しいスタイルの家が建ち並び、ヨーロッパの町に来たような感じすらする。これは当社が中心となって始めた一種の実験的な住宅開発なのだが、予想した以上にここに家を構える方が多い。何しろ

◎長野新幹線各駅乗車人員の推移(1日平均)

(単位:人)

	長野	上田	佐久平	軽井沢	安中榛名	高崎
1998年度	24,204	2,584	1,672	2,414	167	28,444
99年度	23,790	2,668	2,099	2,444	166	27,989
2000年度	23,202	2,753	2,302	2,495	168	27,539
01年度	22,997	2,777	2,463	2,550	170	27,905
02年度	22,750	2,738	2,597	2,375	151	27,784
03年度	22,959	2,763	2,676	2,354	161	27,830
04年度	22,148	2,743	2,708	2,385	199	27,632
05年度	21,894	2,779	2,698	2,535	234	27,698
06年度	21,662	2,864	2,769	2,624	245	28,280

東京駅までわずか1時間、軽井沢へも10分で行ける。セカンドライフを中心にした新しいライフスタイルの提案になるのではないかとも思っている。軽井沢も最近は人口がどんどん増加しだしたようで、町長さんはこのままでは水の供給が追いつかなくなると心配されている。駅の南にある巨大なショッピングモールの出現も新幹線の開業と無関係ではないだろう。

最も変化が大きかったのが、軽井沢の次の佐久平。ここも新幹線の駅ができる以前は何もない田園だった。ところが今は大きなショッピングセンターが建ち、広大な駐車場と近くに高速道路のインターもあることから、ここが佐久地区の商業中心地になった。新幹線開業後、この駅が最も利用客の増加が大きい。反対に旧商店街には、新幹線開業以前からもそうだったが人影が少なく、シャッターをおろしているお店も少なくない。次の上田は在来線の駅に隣接して新幹線の駅を造った。従って駅前は整備されたが佐久平のような大き

開業前の佐久平駅付近

な変化はないし、旧駅前商店街が活性化したという感じもない。
この二つの例を比較すると、これからの新幹線の建設と街づくりの方向が見えてくるような気がする。地方に住む人たちは生活のほとんどをもはや車に頼っている。道が狭く、駐車スペースの少ない旧商店街には来なくなったのだ。八戸駅が開業する前に、友人でもある街の有力者の方にこの点を強く訴え、新しくできる八戸駅は幸い旧市街の外にあるので、駅への、広く信号機の少ない道路と、広大な駐車場をぜひ造りなさいと勧めた。新幹線の地方経済に与える影響については、地域の活性化に役立つというご意見と、反対に、いわゆるストロー効果で経済活動を東京などの大都会に吸い取られるというご意見とがあるが、私は、その土地の実情に合わせた街づ

佐久平駅開業後　2007年８月撮影

くり計画と一体になって進めれば、その地域の発展に大きく貢献できるのではないかと考えている。

07年3月に東京駅日本橋口にオフィスとホテルが入る大型ビル「サピアタワー」が完成した。続いて同年11月には現在大丸が入っている鉄道会館の北に新しい高層ビル「グラントウキョウノースタワーⅠ期」が完成し、大丸もこの新しいビルに移転した。南側にももう一つ新しい高層ビル「グラントウキョウサウスタワー」も完成した。鉄道会館は壊して駅前広場となる。国鉄の駅ビル事業の象徴でもあった鉄道会館が姿を消し、新しい高層ビル群に変わることはその中身の変化と共に、国鉄の駅ビル事業からＪＲ東日本の新しい事業戦略の時代への、変化の象徴のように思える。

Ｓｕｉｃａへの挑戦

ＪＲ東日本が発足した直後に自動改札の導入に踏み切ったが、その際に論議になったのは、旧来の定期券や乗車券を磁気記録式のカードや乗車券とし、自動改札機に投入して処理する磁気方式とするか、それとも新しい非接触式ＩＣカードを使った非接触ＩＣカード方式とするかについてであった。後者の方がはるかに便利であるだけでなく、混雑する駅でのお客さまの流れも非常にスムーズになる。この方式の採用を提唱する技術者もいた。だがそのためには二つの大きな問題があった。本当に技術的に大丈夫か、という点と、コストの問題であった。

接触方式の自動改札はすでに関西の大部分の民鉄で採用になっていて、その信頼性についてはかなりの実績がある。だが非接触方式はフランスなどではすでに試行が行われていたがまだ日本ではまったく実績がない。その上、新宿、渋谷、池袋などの東京の主要駅での通勤のラッシュアワーの混雑は関西の比ではない。もしここで連続して自動改札にトラブルが起きると大変な状況になるし、自動改札を導入したこと自体が大問題となり、永久に東京では自動改札の導入が不可能になる恐れすらある。国鉄では武蔵野線での試行の失敗だけで、自動改札の採用は国鉄では不可能という一種のタブーにすらなっていたのだから。

もっと大きな問題はコストの高さだった。当時、自動改札の機能のない乗車券の原価は１円以下。それが自動改札装置を通れるような磁気記憶機能を持たせると1枚の定期券のコストが十数円になる。そして非接触方式のＩＣカードにしようとすると、当時の原価は約２０００円。これではとても高すぎて採用できない。前述したように接触式の自動化の導入に対してすら、ＪＲ東日本の内部では採算が取れないという反対論が根強かったくらいだから、もしこの時に非接触式に踏み切っていたら、おそらく社内の説得は不可能だったに違いないし、経営判断としても正しくなかったと思う。

そのため、結局接触式に決めたのだが、ＩＣカードのコストが下がることは確実なので、機会が来れば非接触式を採用することは常に頭の中にあった。旧来の接触式の自動改札では定期券をいちいちケースから出さねばならず、それが不便だというお客さまからの不満の声は強かったし、それを理由に自動改札機を通らず、駅員のいる通路を強引に通られる方も少なくなかったからだった。

その間にも鉄道総合技術研究所、ＪＲ東日本の技術開発推進部、そしてこのプロジェクトの社内での推進役である設備部の旅客設備課の機械部門では、非接触式自動改札装置の技術の開発を着実に進めていた。その中心となっていたのが現在のＩＴ・Ｓｕｉｃａ事業本部の椎橋《しいばし》章夫《あきお》副本部長である。

ある日、大井町にある車両工場の一角にあったテクニカルセンターで自動改札装置を分解したので見に来てほしいという話があり、早速行ってみて仰天した。そこには無数ともいえる大量の小さな部品が並べられていた。非常に小さな歯車とプーリー、そしてこれも小さなベルト。あの自動改札装置はこうした大変な数の部品からできている。お客さまがいろいろな方向で自動改札器に入れる定期券や乗車券を一瞬の間に一定の方向に並び替えて、それが有効なものかどうかを判定し、さらに運賃の計算までするためには、こんなに複雑な装置になるというのは、無理もないのかもしれないが、その機構の複雑さには本当にびっくりした。これを非接触式にすれば、定期券や乗車券を並び替えるという複雑な機構は不要になる。ぜひ、非接触式にしなければと感じたのだった。

その後、非接触式の自動改札装置の開発が進み、何度かテストも行っていた。私もそのテストに何回か行ってみて、細かいことはわからなかったが、技術が実用になりつつあるという感じを持てるようになってきた。最大の問題はそのコストにある。尋ねてみるとICカードの価格はかなり下がって300円くらいになったという。さらに、最初に導入した自動改札装置がもう古くなって取り換えなければならない時期に近づいていた。

その頃に椎橋氏が自動改札の普及状態についてヨーロッパ、香港へ視察に出かけ、その報告を受けた。特に強い印象を受けたのは香港で、オクトパスカードとして広く普及し始めていて、撮ってきたビデオの画像を見ると若い女性がハンドバックの中に定期券を入れたまま、それを自動改札装置に触れるだけで自由に通っている。このカードは、鉄道やバスだけでなくショッピングなどにも広く使用できる便利なもので、すでに相当な数が普及しだしているという。もう日本も待っている時期ではない。香港ではすでに実用になっているのだ。

社内に残っていた記録のメモを見ると、私は98年3月5日に関係者を呼んで「ＩＣカードは技術開発の段階から実用化を考える時期に来た。強力なリーダーの下に、関係する部門と連絡を密にしながら実用化を進める体制を作れ。実現目標は20世紀中に。そして磁気式の時と同じように、一部の区間でよいのでまずやってしまえ」と言っている。21世紀がスタートする時に、この画期的なシステムを実現したかったからだった。

ただこの時にも、最大の問題は社内での投資効果論に対してどう説得できるかにあると思った。自動改札装置を非接触式にするためには巨額の投資が必要になる。それに対して収入が増えるとか、人員の合理化ができるという可能性はあまり期待できない。当然社内での厳しい批判が予想できる。

その時に、まず営業部が重大な決断をしてくれた。新しく導入するＩＣ定期券等を発行する際に５００円のデポジットをいただくという提案である。このデポジットはＩＣ定期券等を返却する際にはお返しする。それによって不要になったＩＣ定期券等を捨てることを防げるので、環境対策としても意義があるという。この決断は本当に有難かった。ＩＣカードは安くなったとはいえ、まだ磁気券と比較すると一桁も高い。この決断によって一つのハードルを越えたような思いがした。

非接触式のＩＣカードは、採用すればほかにも大きな効果がある。まず、自動改札装置が非常に簡単な構造になるので、専用機器では価格の低下も期待できる。そしてあの磁気式自動改札装置の複雑な機械的構造の大部分は要らなくなるので、保守・修理のためのコストの大幅な節約が期待できる。さらに、お客さまがいちいち定期券や乗車券を改札装置に入れる必要がなくなるので、お客さまにとって非常に使いやすくなるだけでなく、お客さまの流れがスムーズになる。そうすれば高価な自動改札装置自体の数も減らせる。このカードが大きく普及をすると、新宿駅や渋谷駅などで見られる自動券売機の前の長い行列は解消できるし、券売機自体の数も少なくできる。そこに空いたスペースは、他の事業にとっての一等地となることも期待できる。

こうして、Ｓｕｉｃａプロジェクトは本格的に実用化を目指してスタートしたのだった。当初、発行枚数は４００万枚を目標とした。その頃、当社の定期券の発行枚数が約４００万枚。そのうち80パーセントは新しいＩＣカード定期券に移っていただけるだろう、その他に、かつての磁気式イオカードに相当するＩＣプリペイドカードもつくるので、それを利用してくださる方がその分を埋めてくださる。合わせて４００万枚という計算だった。

その後間もなく、予想もしていなかった大きな問題が起きた。ある国際的なＩＴ装置の大手メーカーの幹部が数人、私に面会を求めてきた。早速お目にかかると、フランス人の副社長が口火を切って「ＪＲ東日本はソニーと共同で非接触式ＩＣカード乗車券の導入に踏み切ったそうだが、ソニー一社とだけでこのプロジェクトを進めるのは国際ルールに反する。もしこのまま強行するならＷＴＯに提訴する」と言う。

私自身はＩＣ乗車券の技術開発そのものにはまったく関与してはいなかったが、技術陣がソニーと共同で開発を進めていたことは、もちろん承知していた。だが、それがこういう形で大きな問題になるとは夢にも考えていなかった。そこで咄嗟に「当社はこの問題に対しては完全にオープンです。問題とするのは品質と価格だけ。優れた商品があれば、いつでもどの企業からでも採用します」と答えた。

その時にはこの企業にどの程度の商品開発能力があるかはまったくわかっていなかったが、国際的に名の知れた企業だったし、時として非常に強引なことも仕掛けてくることで有名な企業だったので、とりあえずこう応じた。この相手には、うっかりしたことを言ったら何が起きるかわからないという危機感からだった。

ただ、こう言い加えた。「当社は1日に1600万人のお客さまのご利用があります。従って、非常に高いレベルの信頼性と情報処理機能を持った製品でなければお受けできません」。このやりとりの後しばらくして国際調達が始まるが、この企業から見本のカードが届けられてテストしてもらったところ、なんと中にＩＣチップが入っていないという。これには驚いた。その強心臓ぶりにも。

それでもまた、この企業の幹部が私に会いに来た。今度は「ソニーが使用しているＩＣカードのタイプＣはＩＳＯ規格として認められていない。そうした製品を採用するのは国際ルールに反する」と。

今度は私が反論した。

「ソニーの製品はISO規格になってはいないかもしれないが、現実に香港ではすでに広く使用されているではないか。当社でもISO規格ではない製品を数多く使用していてなんら問題はない。ISO規格外の製品の方が性能が良いことも多く経験している。ISO規格に採用されていることは絶対的な条件だとは思っていない。問題はあくまでも製品の性能と価格だ。ISO規格にこだわって当社の必要とする機能が実現できなければ、このプロジェクト自体が成り立たない。当社の求める性能の製品をご提示いただきたい」

実はこの時、私はまだこの件についてまったく不勉強だった。ICカードにはタイプA、タイプB、タイプC（通称）の3種類があることも知らなかったし、当社が採用を予定しているタイプC（通称）のソニーのフェリカカードがISO規格に採用されていないことすら知らなかった。ただISO規格なるものが、国際標準とは言いながら、現実には欧米、特にヨーロッパの製品を世界市場に売りこむための一つの手段であるということは認識していた。国鉄時代には鉄道車両に使用する車輪のISO規格に関して関係者が非常に苦労していたのを承知していたし、かつてパリにある国際鉄道連合（UIC）に勤務していたのでその内幕を知ってもいたからでもある。

日本の新幹線をはじめ多くの鉄道車両に使用している車輪は、その品質では決して世界に劣るものではなく、むしろ優れていたのだが、ISO規格にはなかなか採用してもらえなかった。毎年のように関係者がISOの会議に出かけ、この問題を提起したのだが、ヨーロッパ側の反対で実現できなかった。ヨーロッパは長い国際競争の歴史と、数世紀にわたって外交交渉を重ねてきた豊富な経験を持っている。その戦略性はとても日本の及ぶところではない。鉄道の分野ではUICはISOとUICの技術規格、すなわちヨーロッパ鉄道の技術規格がそのままISO規格となるような協定を結んでいた。そしてヨーロッパの輸出企業がアジアなど海外に製品を輸出する際には、まずISO規格の採用を条件とさせているのだった。

ソニーのカードは鉄道の分野ではないが、やはりISOというヨーロッパの戦略の壁に直面したのだった。おそらく日本の多くの企業がこうした経験をされ、それを乗り越えて、世界市場で戦ってこられているに違いない。

同じ頃に、頻繁にアメリカ大使館から夕食会へのご招待が来るようになった。うかがってみると、並み居る財界の名士たちの中で、いつも私は大使の横の最上の席。時には大使とルービン財務長官の間の席ということすらあった。特別に具体的なお話があるわけではない。無言のメッセージなのである。ここまでやるのか、と思ったし、かつて池田勇人首相がフランスを訪れた際に、時のフランス大統領ドゴール将軍から「トランジスターラジオのセールスマン」と言われたのは有名な話だが、どこの国も同じなのだなと思ったのだった。

いつまでもこうした状態で待っているわけにはいかない。そこで2000年7月を最終限度として各社に製品の提出を求めた。その際にもこの国際大メーカーは、当社が求める性能の製品を作ることができなかった。おそらく、私たちと交渉を続け、外交手段で時間を稼ぎながら、製品開発に全力を挙げていたのだろう。だが、結局間に合わなかったのだ。その後のＳｕｉｃａの驚異的な発展を考えると、この頃からそれまでほとんど何の取引もなかった当社のＩＣカード事業の将来性に目をつけ、あらゆる手段で攻勢をかけてくるこの企業の戦略性と行動力には感心する。国際企業はこうした相手と常に戦っているのだ。

もう一つ、この機会にぜひ実現したい問題があった。それは技術の企業への内在化。私の言うインソーシングである。すでに、ＪＲ東日本発足後に新しく作ったジェイアール東日本メカトロニクス㈱には、単に機械の保守という地味な仕事だけではなく、もっと創造的な仕事、たとえば自動券売機くらいは自分たちの手で作れるような会社にしてはどうか、と言っていて、実際に手がけだしたのだが、作っているのは券売機のケースだけ。自動改札機をＩＣ化する時こそ絶好のチャンス。装置の機構が完全に変わる。もうこれまでの技術のほとんどは通用しない。新しいＩＣ自動改札装置全体の核心となる技術はＪＲ東日本グループが持つようにしろと、同社の植田《うえだ》哲《てつ》也《や》社長にきつく申し渡した。彼は非常に当惑した表情だったが、「何とかやってみます」と言ってくれた。このことはくどいほど繰り返し、このシステム全体の情報を管理する㈱ジェイアール東日本情報システムにも、同じような指示を出した。

２０００年の7月に私自身はＪＲ東日本を離れて、宇宙開発事業団に移ったので、この問題にはまったくかかわりがなくなったのだが、折に触れて椎橋氏が、この新しいＩＣ式自動改札システムの進行状況を説明に来てくれた。結局この新しい非接触式自動改札装置（リーダ／ライタＩ

Cカード等）は国際入札せざるを得なくなったのだが、ＪＲ東日本が求めた厳しい性能条件を満たせるのはソニーのフェリカカードだけだった。時間はかかったが、当初予定していたところに落ち着いたのだった。私が最初に指示した２０００年中の実施より1年近く遅れて01年11月18日に、首都圏の４２４駅でスタートした。

椎橋副本部長によると「実はあの外国メーカーとのトラブルはつらかったが、半面で本当にありがたかった。多くの技術的な問題が山積していて、あの問題で時間が稼げてよかった」。何が幸いするかわからない。この新しい非接触式ＩＣカード自動改札システムには「Ｓｕｉｃａ」(Super Urban Intelligent Card の略）という名が付けられた。スイスイ行けるカードという意味もあるとのこと。Ｓｕｉｃａの普及は想像していたよりもはるかに早かった。1年後には当初の目標を突破して発行枚数は５００万枚を超え、03年にはＳｕｉｃａ定期券で新幹線を利用できるようになった。

これについては面白いエピソードがある。宇宙開発事業団の私の秘書だった若い女性は大宮から通っていたので、大宮と浜松町の間の定期券を利用していた。朝は混雑するのでしばしば新幹線に乗っていたようだ。「大宮で座れる？」と尋ねると「いや、大体座席はいっぱいなので駄目です。でも新幹線の方が普通の電車よりも速くてすいていますので、この方がいい」と。その女性は夕方の帰宅の際には新幹線を使わず在来線の電車を利用するのだが、その際に、定期券を持っているのにＳｕｉｃａを使っていると言う。「どうして。運賃の二重払いでもったいないじゃない」と言うと「だって、格好がいいですから」。そして「いまのＳｕｉｃａでは新幹線を利用できないので、早く、新幹線にも乗れるＳｕｉｃａ定期券をつくってください」と言う。この話は面白いし、若い女性がこうした反応をするということはＳｕｉｃａの大成功は間違いないと思った。

04年には１０００万枚を突破、ＪＲ西日本も同じようなサービスを「ＩＣＯＣＡ」と名付けて開始した。そして07年には遂に発行枚数は２０００万枚を突破、念願だった他の民鉄等との共通利用も可能になり、民鉄は独自に「ＰＡＳＭＯ」を発売。この方も予想以上の売れ行きで、発行後間もなく供給が追いつかなくなり一時発行を制限する事態になった。関係者の多くのそして長年の苦労があったとはいえ、これほど大成功したプロジェクトというのは珍しい。

私が強く求めた基本技術のインソーシング化も、植田社長以下の努力によりほぼ実現した。今このシステムはソニーのフェリカカードを使っているが、その中にある鉄道固有のソフト技術はジェイアール東日本メカトロニクス㈱が持っている。そしてＳｕｉｃａシステム全体を管理する情報システムのノウハウは、㈱ジェイアール東日本情報システムの知的財産である。Ｓｕｉｃａは１００年間使ってきた乗車券システムの革命だと思っている。列車に乗ることが完全にバリアフリーとなり、お客さまは一歩も立ち止まる必要はなくなり、時には列車に乗る際に、チェックがないような感じすらするのではないだろうか。

Ｓｕｉｃａがここまで早く大規模に普及するとは思っていなかったが、私がまったく予想していなかったもう一つの点は、電子マネーの機能である。私はこの機能には懐疑的だった。それまで銀行などが一部で試行していたが、まったく普及していなかったし、小銭入れで十分だと思っていた。ところがこの機能が急速に利用されだした。この分野では電子マネー専用のＥＤＹの方がやや早く、発行枚数も多いようだが、この両者が日本の電子マネーの先駆者だと言っていいだろう。Ｓｕｉｃａ自体が鉄道用電子マネーそのものだからである。ちなみに２００７年の日経ＭＪヒット商品番付では、「電子マネー」が横綱にランクされている。

Ｓｕｉｃａが大成功したので、その成功に貢献のあった椎橋氏とその補佐役ともいえる瓜生《うりゅう》原信輔《はらしんすけ》部長、それにジェイアール東日本メカトロニクス㈱の植田社長を招いて一夕を過ごしたことがある。その時に「なによりもやはり、社長自らがリーダーシップをとっていただいたのが大きい」というのがみんなの意見だった。トップがリーダーシップを発揮することが、こうしたプロジェクトを成功させるための鍵だったと言って間違いないだろう。こうしたプロジェクトの将来性を見抜いて、Ｓｕｉｃａ実現のために全力を傾け、それまでは必ずしも友好的とは言い切れなかった民鉄各社をＳｕｉｃａが共用できるシステムの採用に持っていったのは、ＪＲ東日本の大塚陸毅社長（当時）の力だと思っている。Ｓｕｉｃａの大成功の功労者として、椎橋副本部長はもちろん、大塚社長、植田社長、そして鉄道技術総合研究所で地道にこの技術の基礎研究を進めていただいていた三木彬生《みきあきお》氏も加えるべきだろう。この４人がＳｕｉｃａの生みの親なのである。

新潟県中越地震と羽越線の事故の教訓

多くの問題を乗り越えてSuicaの成功があり、経営も順調に推移していたJR東日本に大きなショックとなる事故が2件起きた。一つは04年10月23日の中越地震での新幹線列車の脱線事故であり、もう一つは05年12月25日の羽越本線で起きた特急「いなほ」の脱線事故である。特に、後者は5人の方が亡くなられるという、JR東日本発足以来最大の事故であった。

中越地震は、地震が起きてからしばらく経った頃にテレビでこのニュースを見て、新幹線の列車が傾いて脱線している映像を見てショックを受けた。現地の状態が気になったが、もう第一線で仕事をしている立場ではないので、なるべく当事者の邪魔にならないように出社するのも控えていた。テレビの報道により死者、負傷者がいないようなのと、テレビの映像から線路を支えている橋脚に異常がないらしいことがわかって安心した。地震の直後に頭をよぎったのは、阪神淡路大震災の後に見た新幹線の線路のすさまじい破壊状況だったからだった。

95年1月17日午前5時46分に起きた阪神淡路大震災の被害はすさまじかった。地震直後の混乱状態は避けて、1カ月後くらいに現地を訪れたのだが、テレビで見る映像とは違って、実際に現地で見た被害の状況は本当に衝撃的であると同時に、テレビの報道ではわからない多くの事実を知ることもできた。

一番のショックは、新幹線の高架橋の被害のすさまじさだった。高架構造の線路を支えている柱は無残に破壊されていて、コンクリートはボロボロに壊れ、内部の鉄筋が露出している。柱が破壊された高架橋は片端が地面に落下している。もしこの上を新幹線の列車が通っていたらと思うと背筋が寒くなる思いがした。この地震は初列車が新大阪駅を発車するわずか十数分前に起きたのだった。だがこうしたひどい状態の高架橋はごくわずかであった。隣の高架橋は落下を免れている。そして落下した新幹線の高架橋のすぐ脇にあった民家には大きな被害はなかった。地震の大きな被害があったのは幅約2キロメートルくらいの範囲に限られていて、その中でも建物の被害の程度に大きな違いがあった。1階が完全に潰れたマンションの隣の建物には見たところ大きな被害はないというところも珍しくなかった。

同じ地震の動揺を受けても破壊の程度はかなり違う。私は大学での専門が振動学だったので、固有振動数の違いで、共振を起こしたのかなと思ったのだが、同行してくれたコンクリートの専門家の石橋忠良《いしばしただよし》技師に尋ねても同意はしてくれなかった。すさまじい被害の状況だったのは阪神電車の武庫川車庫だった。2階構造のこの車庫は、1階部分が潰れていて、2階部分の線路に留置してあった電車は脱線して崩れた車庫の床とともに下へ落ちていた。

この災害の後、急遽JR東日本でも地震対策の検討が進んだ。高架橋を支えているコンクリートの橋脚の柱の中の鉄筋を強化することと、橋脚の柱を鉄板で巻く方法は一番効果があるという。こうしておけば、万一強い地震のために橋脚の柱のコンクリートが破壊されるようなことがあっても、この鉄板が、崩れたコンクリートが剝げ落ちるのを防いでくれるので、橋脚の柱の強度は十分に維持できるという。新幹線の全区間の地盤の強度を調査して、地盤の弱い所からこうした強化策を実施することになった。

中越地震で電車が脱線した区間には、すでにこうした強化策が実施してあった。従って大事故になるのを防ぐことができた。阪神淡路大震災に匹敵する規模の地震の震源地のすぐ近くを列車が通っていたのに、高架橋の強化対策によって高架構造の線路が破壊されるという破局は免れることができた。阪神淡路大震災の際の教訓が生きたのである。

もう一つ新しい発見と問題の提起を、新潟中越地震から得ることができた。新幹線の電車は、10両編成中の8両が地震の揺れのために脱線した。だが、電車が線路から大きく離れて反対方向の線路の上に転覆するような危険な事態にはならなかった。ただ最後部の車両だけが、かなり反対側の線路の方に傾いていた。脱線した車両の収容が終わり、現場の復旧作業も一段落した頃に、この脱線事故が起きた現場を訪れた。まず印象的だったのは、脱線した電車の車輪が走った痕跡が、レールと完全に平行して一直線に、はるか彼方までコンクリートの路盤の上に鮮明に残っていたことだった。

なぜ、脱線した車両はレールから離れなかったのか。

それは脱線した車両の車輪とギアケースおよび排障器がレールを挟む形になったために、レールが、いわば脱線した車両のガイド役になってくれたお陰だった。ただ脱線した電車の車輪の

「フランジ」と呼ぶ突き出た部分が、レールを枕木に固定している締結装置を次々に破壊していったので、最後部の車両が通る頃にはもうレールは枕木から完全に浮き上がってしまっていて、脱線した車両をガイドすることができなくなり、横に傾いてしまったのだった。さらに、レールの溶接してあった部分の強度が弱かったために、その部分でレールが折れてぐにゃぐにゃに曲がって上に跳ね上がるというひどい状況になっていたのだった。

こうした事態を予想して車両を設計してあったわけではない。その意味ではこの事故も幸運だった。その後、脱線した車両が収容してある車両基地を訪れたのだが、ここでも衝撃を受けた。脱線した車両の車輪のフランジの一部がすっかり擦り減って、なくなっているではないか。地震が起きた瞬間に急ブレーキがかかり、車輪は固定した状態のままコンクリートの路盤の上を走ったため、鉄のフランジまでもが擦り減ってなくなっていたのだった。それでも電車は転覆もしなかったし、大事故にもならなかった。

新幹線が開業してから何度かあわやという危険な経験をしているが、幸いすべて大事故にならずに済んでいる。今回もそうだった。だがこうした時に、ただ幸運だったで済ませてはいけない。こうした事故やトラブルから得た教訓を生かすことによって、新幹線の安全は守られてきたのだ。今回もこの教訓を生かして、車両には万一脱線した場合にもきちんとレールをガイドする装置を新しく取りつけた。さらに、万一脱線した車輪がレールの締結装置の上を走っても、一部のレール締結装置は破壊されないような構造に強化した。こうしておけば、レールが枕木から離れることは防げる。またレールの溶接部も改良して、折れにくいように改良した。今回はやや幸運な面があったが、こうしておけば同じような脱線事故が起きても、車両が大きくレールから離れることを防ぐことができる。

新幹線が開業してからすでに40年余、それでもまだまだ安全のために実施しなければならないことがかなりあるということを、今回の経験は教えてくれた。こうした教訓を生かすことによってさらに新幹線の安全性は高まっていく。技術、特に安全のための技術は、単なる設計や限られた回数の試験や試運転などによって実現できるというほど容易なものではない。日本の新幹線は44年間大事故を起こしていないが、その間にはかなりの危険な事故やトラブルを経験していて、それが幸い大事故にならなかったのである。そして、そうしたトラブルの経験を生かして改良に改良を加えて現在があるのだ。これが技術の本質なのである。科学と技術の違いの本質が、ここにあるような気がしている。技術とは経験、特に失敗経験の積み重ねによって進歩していくものなのだ。

05年12月に羽越本線で起きた特急「いなほ」の脱線転覆事故は、痛恨の一語に尽きる。列車に乗っておられた5人の方が亡くなられたのだから。この事故の原因については現在国土交通省の航空鉄道事故調査委員会が調査中なので、それについて述べることはできない。とはいえ、この委員会の結論が出るまで何もしないというわけにもいかない。状況から判断すると、瞬間的な突風が事故に大きく関係したと思わざるを得ない。当時はＪＲの車両軽量化とこの脱線転覆事故を関連づけるかのような論調の評論家などもいたが、当該車両は当時もっとも重い部類に属しており、軽量化と関連づける議論は的外れである。ＪＲ東日本は防災研究所を新しく設置して、並行してこうした事故原因の対策の可能性について研究を開始している。羽越本線が開業してからすでに80年、この場所でこうした事故は起きていなかった。こうした点でも安全問題の難しさを痛感する。

私は長年、事故を担当する分野で仕事をしてきたが、こうした事故が起きた際に第一に心配するのが、犠牲者がおられるかどうかだった。

今回は不幸にして事故の犠牲になった方がおられた。こうした事故が起きた際に、犠牲になられた方のお通夜かご葬儀にうかがったことがあるが、本当に申し訳ないという気持ちと、その場にいられないような思いをした。85年に北陸の能登線で大雨の後に築堤崩壊のために列車が転落し、７人の方が犠牲になるという事故が起きた。私は７人全部の方のお通夜かご葬儀にうかがい、すべてご葬儀などの席に入れていただけたが、奥様を亡くされた年配の方は、お通夜で終始悲しみを抑えて私の顔を睨《にら》んでおられたし、最後に訪れたやはり奥様を亡くされた福井の若い銀行員の方は、丁重にご葬儀の場に入れていただいた上に、お礼までおっしゃってくださったのだが、ご葬儀の場を辞する時に「それにしても何とかならなかったものでしょうか」とおっしゃった言葉が、いまだ強く頭に残っている。その時に、もし私が自分の連れ合いを亡くしたら、事故の原因はともかく、とても耐えられないだろうと思った。それ以来、事故が起きた際には、何か事前に防ぐことはできなかったかと考えるようにしている。

ＪＲ東日本発足20年目を前にしてこうした事故が起きたことは、やはり鉄道企業にとって安全こそが最大の責務であることを示す神の警告であるような思いがする。

終章　これからのＪＲ東日本

利益優先の経営とは安全優先の経営

国鉄が民営化する際には、「あの巨額な赤字を出していた国鉄を民営化したからといって、黒字にできるはずはない」とか「民営化すると利益優先に走って安全性は犠牲になり、ローカル線の廃止がどんどん進む」とか、多くの悲観的というか、いわれなき中傷とでも言うべき意見が多く寄せられた。その多くは何らかの形で国鉄の民営化により被害を受ける側からの意見であったので、当然なのかもしれない。建設業界、信号電力業界、鉄道車両業界なども国鉄の民営化によって発注が大幅に減少すると考えていたようだし、国鉄のＯＢを中心に、国鉄を分割すると各社に人材が分散し、技術力が大幅に低下すると主張される方もおられた。

しかし、結果はどうなったか。まったく反対になったと言っても良いのではなかろうか。

まず設備投資については、ＪＲ東日本はその基本方針として設備投資には慎重だった。だが安全に関する設備投資には、当初から積極的だった。民間企業になったJR東日本にとって、鉄道企業の経営の基本を揺るがしかねない最も重大な問題は安全であったからだったし、すでに述べたように、国鉄時代に必要な安全のための基本的な設備投資ができていなかったからだった。逆説的に言えば「利益優先の経営とは安全優先の経営」なのである。企業の利益と社会的なイメージを損なう最大の問題は、安全問題なのである。多くの分野の企業で最近起きている製品にかかわる不祥事など、広い意味での安全問題が、いかに企業に深刻な影響を与えるかは、それを如実に示している。

最近JR東日本は設備投資に積極的になり、年間3000億円を超える設備投資を行っている。その約半分が安全・安定輸送の実現のために必要な投資である。ただ、中身は国鉄時代とはかなり変わって、土木工事の割合が減って建築物、電気通信関係の設備投資が増えている。JR全社の設備投資を合計すると8000億円近くになり、それに運輸整備機構の新幹線建設費を加えると、設備投資総額は国鉄時代とあまり変わらなくなる。信号・通信分野での設備投資額は国鉄時代よりはるかに多くなり、鉄道車両業界も最近は民鉄も含めた各社からの注文が多く、生産が追いつかない状態だという。

そして面白いことに、国鉄時代には動きがとれなかった大きなプロジェクトのほとんどが実現した。東北地方の念願だった東北新幹線の東京乗り入れは実現した。長い間凍結状態だった整備新幹線も動きだして、すでに北陸新幹線の高崎～長野間、東北新幹線の盛岡～八戸間、九州新幹線の新八代〜鹿児島中央間は完成し、残る区間の工事も進んでいる。その上ミニ新幹線2線も開業した。中央線の三鷹〜立川間の高架化の工事も順調に進んでいるし、新宿駅の大改良工事も行われている。

技術開発は目覚しいほど活性化した。車両、信号、線路、防災、土木工事、メンテナンス技術など、どの分野をとってみても国鉄民営化後目覚しく技術革新が進んだ。Ｓｕｉｃａなどは国鉄では不可能だったろう。自動改札すらやる気がなかったのだから。

反省すべき問題点

ＪＲ東日本は発足後多くの課題にチャレンジしてきて、その多くは成功。だが、すべてがうまくいったわけではないし、いろいろなことを試みている間に、多くの失敗や反省すべき点も少なくない。

まず基本的な反省点は、ある時期に過大な自信を持ちすぎていたということだ。なんといっても日本国有鉄道は巨大な存在であった。その頃からの過大な自負心、われわれがやれば何でもできるという思い上がりが、特にＪＲ東日本は発足当初に強くあったと反省している。１日に１６００万人という安定した顧客を持ち、新宿、渋谷などに大きな拠点を持ち、毎日50億円の収入が現金で入る。東京という大きな市場と広大な東北・上信越地方に路線網を張り巡らし、各地に駅

◎ JR東日本発足後の輸送量（人キロ）の推移

（単位：億人キロ）

年度	新幹線	首都圏在来線	地方在来線	合計
1987	121	628	295	1,044
88	133	659	306	1,098
89	135	682	314	1,131
90	148	720	330	1,198
91	161	749	350	1,260
92	163	767	355	1,285
93	160	773	356	1,289
94	160	769	351	1,280
95	163	772	351	1,286
96	165	783	349	1,297
97	171	770	331	1,272
98	174	769	318	1,261
99	175	770	315	1,260
2000	177	765	312	1,254
01	178	762	310	1,250
02	182	763	306	1,251
03	188	767	303	1,258
04	184	767	301	1,252
05	188	772	301	1,261
06	194	780	303	1,277

という拠点を持っている。そこでなんでもやればできるのではないかという思い上がりがあった。その例が、百貨店構想であり、旅行業であり、ホテル展開であった。建設事業への進出を考えたことすらあった。だが世の中はそうは甘くない。やはり長い経験とその中で築き上げられたノウハウや、目に見えない力の存在の大きさを思い知らされることも少なくなかった。

その最大の例が不動産事業への進出にあったと思う。戦後、多くの民鉄がこの分野で大きく成長し、利益を上げているのを国鉄は黙って見ていなければならなかった。いざ民営化したらこれが可能になった。折からバブル不動産ブームの最中であったので、最初に手がけた栃木県の喜連川の住宅開発が当初非常に順調なスタートだった。ここは住宅地としても、また別荘地としても一等地とは言いがたい。しかし、価格が手頃だったことと、温泉が出る、非常に綺麗な住宅地を造成したことから販売は非常に順調だった。そこで、栃木県、千葉県、茨城県、さらには東京の多摩地区、山梨県でも住宅開発に進出したし、秋田県のリゾート開発にも手を出した。

鉄道を持っているので住宅地が完成すれば新駅を作ったり、列車の増発やスピードアップをしたりするという切り札もあるという自信過剰な考えと、かつて民鉄が大規模な事業を行っていたことをまねたいという思いもあって、不動産事業に手を出したのだが、土地の取得に非常に難航した。時にはオオワシの生息地の生態系を破壊するということで厳しい反対にもあった。結果的にはそれがかえって幸いしたのかもしれない。やがてバブル経済は崩れ、地価は暴落に転じ、不動産事業の多くから撤退した。幸い大きな傷は負わなかったが、われわれも一時はバブルに乗ったという反省は残る。

経営の改善に秘策はない

国鉄の最後の年であった1986年度の赤字は1兆7000億円に達していた。それが20年後の2006年度には反対に1兆円近い黒字を出せる企業グループとなった。同じ市場で、同じ鉄道事業を行っていて、である。なぜ、ここまで改善できたのか。それは、まず国営企業という無責任体制から脱却して真剣に企業改革を進めたこと。そしてサービスが良くなり、その結果収入が増えたこと。さらに、技術開発により合理化が進んで生産性が大きく向上し、コストが減少したこと。加えて、効果の少ない投資は控え巨額な債務を減らしたこと。これは破綻した企業を再建する際の当然の施策であって、それを20年間続けただけにすぎない。国鉄の再建に秘策はなかったのである。

国鉄改革の経験は、これからの日本という国家のあり方にも参考になる点が多いのではないだろうか。

国鉄の崩壊の過程を振り返ってその経験から得た教訓を、国家のあり方にあてはめてみると、次のようになるのではないか。

――組織がいったん大きな経営判断を間違えると、取り返しがつかなくなる（国家政策）

――過去の成功体験におぼれていると、時代の急激な変化についていけなくなる（グローバリ

ゼーション）
――明確な経営目標がなくなると、企業は迷走する（国家の将来への目標の喪失）
――財政の崩壊は企業の自立心を失わせ、すべてを駄目にする（国家財政）
――巨額の設備投資の無理な実行は企業を破滅に導く（公共工事）
――新規採用の長期にわたる抑制により、極端な高齢組織となった（高齢化社会）
――急激な合理化により、人員が急激に減少（人口減少社会）
――年金制度の崩壊による給付の削減、現役の負担増、各種優遇措置の廃止（年金問題）
――労働組合支配の結果、安全性や正確性の低下、現場秩序とモラルの低下（社会の安全問題）
――労働組合の抵抗により教育のレベルが著しく低下（教育問題）
――技術開発力の低下（技術競争力問題）
――市場における競争力の低下（国際競争力）
国鉄は、日本の社会が抱えることになる多くの基本的な問題の先行的経験企業だったとも言える。

これからのＪＲ東日本

最近退任されたアメリカのＦＲＢ（連邦準備制度理事会）のアラン・グリーンスパン議長は、回顧録の中で「私は非常に幸運だった」と述べ、「この異常といえる半世代の舞台から抜け出すことができた」とも語っている。彼がＦＲＢの議長に就任したのは87年8月、そして06年1月にその職を退いた。彼の就任期間中は確かに激動の20年であった。彼がＦＲＢ議長に就任後間もなく、「ブラックマンデー」の世界的な株価の暴落と金融危機が、世界の市場を揺るがせた。その後、ベルリンの壁の崩壊、ソ連邦の解体、そしてその結果ともいえる経済のグローバリゼーション、中国の台頭、ＩＴ技術の爆発的な進歩、これらがセットとなって長期にわたる経済成長、生産性の向上、低いインフレ率と市場のブームの時代を迎えた。こうした激動の時代に、アメリカのみならず世界経済の舵取り役としての彼の評価はきわめて高い。

グリーンスパンがＦＲＢで過ごした20年と、発足したばかりのＪＲが過ごした時期は、ほぼ重なっている。ＪＲ各社は「われわれは非常に幸運であった」と言えるだろうか。大変申し訳ないことに大きな事故を経験したし、各社それぞれが多くの悩みを抱いていたことは間違いない。だが、あの国鉄の悲惨な状態から抜け出して、この困難な激動の時代に、今のＪＲ各社の経営状況に到達できたことについては、自らの成果を誇るよりも「われわれは非常に幸運であった」と思うべきであろう。

まず国鉄の民営化は、あの86年7月の総選挙で与党が300議席という圧倒的な多数の議席を獲得できたからこそ可能になった。国鉄改革が可能だったのはあの機会しかなかったとすら言えよう。そしてＪＲがスタートした時は日本経済が絶頂の時期でもあった。いわば順風の中でのスタートだった。だが間もなくバブル景気は崩壊し、日本経済は「失われた10年」の時代に入る。これがかえってＪＲにとっては幸いだったのではないだろうか。過度にバブルの罠に落ちることもなく、また逆風の時代だったからこそ、浮かれることなく企業体力をつけることに全力を挙げることもできた。そしてきわめて幸いなことに、鉄道事業は他の業種と比較すると経済不況の影響が比較的少なく、経済のグローバル化ともほとんど無関係だった。「われわれは非常に幸運だった」と思わざるを得ない。

またその間に、こうした激変をまともに受けた多くの企業の経営のあり方、そして、経営方針の違いがいかにその企業の業績とその発展を左右するかということも、学ぶことができた。こうした激動の時代にも逞しく発展し、業績を伸ばした企業もあった。かつての国鉄ほどではないにしても一度地獄を見て、そこから再び強く生き返った企業もある。反対に、時代の変化に鈍感で旧態依然としたままの経営を続けている企業、新しい経営手法の流行に走りすぎて本来その企業が持っていた力を失ったように見える企業もある。このなかから、これからのＪＲ東日本のあるべき姿が見えてくるような気がする。

国有鉄道の改革は世界各国の共通の課題で、ヨーロッパでは国有鉄道の改革にあたって、市場原理を導入するために、いわゆる上下分離方式を選択し、地上設備を保有する組織と、列車を運行する組織とに分ける道を選んだ。多くの国が国境を接していて国際列車も多数運転する必要から、こうした選択はやむを得なかったかもしれないし、道路交通、航空のシステムをモデルとすると、むしろこの方が自然な姿なのかもしれない。

しかし日本は、地上設備と列車の運行は一体とし、地域分割という解決策を選んだ。日本には多くの民営鉄道が存在していて、それぞれが円滑な輸送を行っているだけでなく、鉄道事業で立派に収益を上げ、事業の戦略的な多角化により小規模の鉄道企業が日本有数の巨大企業になっているという現実があった。この成功実例と、国鉄を地域ごとに分割するという、いわば常識に反する国鉄改革への道を選んだこととは、無関係ではあるまい。結果として、イギリスの例を見るようにヨーロッパの国鉄改革は少なくとも現在のところ、必ずしも成功とはいえない。それに対して日本の国鉄改革は当初の予想以上に成功している。この点については、こうした成功の実例を示していただいた民鉄各社に感謝しなければならないのかもしれない。その点でも「われわれは非常に幸運であった」。今後の鉄道技術の発展を考えると、地上設備と車両とが一体であることが非常に重要である気がする。

将来を見通すことは難しい。チャーチルは「過去を遠くさかのぼって見れば見るほど、遠い将来が見えてくる」と語った。わずか百数十年に過ぎないが、日本の国鉄の誕生からの歩みを振り返って、何か将来を見透すことのできる教訓を得ることはできないものだろうか。

明治5年に誕生した日本の鉄道は、道路の整備が進み航空機が発展を始める1960年代までは、文字通り国家の動脈であった。それだけではなく、明治維新以後大正時代にかけて、建設業、機械技術産業、重電機産業など日本の多くの産業を育てる原動力でもあった。当時は鉄道がこうした産業にとっての最大の需要提供者であり、技術のリーダー役でもあった。そして地方の経済社会の振興の役割も担っていた。国の産業政策の担い手として国家の鉄道でなければならなかった。こうした歴史から、国家を担うという気概とともに、権力主義になりがちな官僚的体質は、国鉄の本質的なDNAとなった。

同時に、国鉄は独自の企業文化も作った。現在世界に誇る正確な列車の運行は、決して鉄道発足当初から実現していたものではなく、大正時代の末期に、当時の国鉄の運行部門のリーダーたちの粘り強い努力の結果、一つの企業文化として定着していったのである。同時に、「死んでも鉄路を守る」という忠誠心と使命感も育てた。「国鉄一家」とさえ呼ばれた結束力と家庭的な企業風土も、そこから生まれた。これももう一つの、国鉄が築いた企業のDNAとして現在でも生き続けている。

さらに、国鉄のもう一つの重要な行動原理は常に新しい、そして進んだ技術を追い求めるという情熱であった。ヨーロッパより半世紀近くも遅れて誕生した日本の鉄道技術者が、常に夢としたのは、アメリカとヨーロッパに劣らない鉄道技術の実現にあった。そうした夢の実現への情熱と絶えざる努力の成果の蓄積が、新幹線を生んだ。新幹線は決して一夜にして実現したものではないし、特定の個人の成果に帰すべきものでもあるまい。

決して新幹線だけではない。国鉄はすでに60年、情報化時代の到来を予想して総裁直属の「電子技術調査委員会」を設置し、鉄道のあらゆる分野で、電子技術がいかに利用できるのか、それが業務のあり方をどのように変える可能性があるかについて、全社を挙げて検討している。これが国鉄の持っていた第三の貴重なＤＮＡだと言ってよいだろう。

だが皮肉にも、東海道新幹線の実現と同時に、国鉄は財務上の赤字に転落し、最初はわずかな額だった欠損は、その後急速に増加の一途をたどった。この明暗のコントラストの持つ意味は大きい。国鉄の崩壊の原因は、表面的にはその財務政策と労務政策の失敗にあるが、根本的には、この頃から鉄道の日本経済の中における地位と役割が大きく変わったことにある。もはや鉄道は日本経済社会発展の原動力でもなければ、技術の先導役でもなくなっていた。もはや国有企業である必然性はなくなり、そのマイナスの面が一斉に出るようになった。国鉄の官僚的なＤＮＡの負の側面が一斉に噴き出したのである。この本質的な変化に対して、国も国鉄自身もその対応が決定的に遅れた。時代の変化に対する対応の遅れ、これこそがこの時代の最大の教訓ではなかろうか。

時代の変化に対してまったく危機感がなかったわけではない。新幹線も単なる技術革新ではなく、こうした交通市場の劇的な変化に対して取られた鉄道側の対応策という側面を強く持っている。だがこの予想以上の成功が、過度の自信と一種の傲慢さを生み、その後の財政悪化に対する危機感の希薄さと、技術面ではチャレンジ精神の喪失につながったような思いがする。
皮肉にも国鉄崩壊の最大の責任部門であったはずの人事・労務を担当する職員局と財務を担当する経理局が、この時代に企業を支配するようになった。職員局は合理化のノルマを各部門に強制し、健全な企業ならば本来職員局だけで処理すべき労使交渉の多くを各専門部門に任せ、その評価批判まで行っていた。経理局は厳しい予算統制によって、新しい技術の導入や安全設備などの分野にはほとんど配慮しなかった
この時代の国鉄はもはや、企業というよりも一種の権力機構であった。その結果、実務を担当する各部局の企業への求心力は急速に衰え、危機にある国鉄自体の問題よりも自らの部門の安定と利権の確保を志向した。この時代の国鉄の3悪は「予算獲得主義、セクショナリズム、天下り」だったように思う。財政悪化にもかかわらず政治力に頼って予算の確保に奔走し、セクショナリズムのためにその勢力と権益の維持が最大の関心事となり、その象徴が天下り先の確保であった。最近事故で亡くなられた著名なアメリカのジャーナリスト、D・ハルバースタムはその著『覇者の驕り』の中で、企業内にはびこる傲慢さと、財務中心となった企業体質の官僚化が、いかに企業の活力を奪い、企業にとっての死に至る病であるかということを、具体的な企業の実例を追いながら生々しく記述している。
この国鉄の100年余の経験から、将来へ向けてのいくつかの基本的な教訓が得られるのでは

ないかと思う。

かつての国鉄が持っていた、常に新しい技術を追い求めるという企業精神は、維持していかねばならない。常に本業の鉄道の分野の技術でトップとなる実力を持たねばならない。ＪＲ東日本は世界一の技術を持ち、サービスを提供できる鉄道企業でなければならない。それは表面的な列車のスピードとか車両のデザインなどという次元の問題ではなく、世界で起きている多くの分野での革命的な技術革新に対して、常に関心を持ち、それを自らの中にいかにして取り入れていくかという課題なのである。そのためには技術戦略と、かつての国鉄の電子技術調査委員会のような組織的な調査開発体制を作る必要がある。

それと共に、現在、鉄道事業は再び大きな環境の変化の時代を迎えようとしている。これからはかつて経験したことのない人口の高齢化と減少の時代を迎える。鉄道事業、なかでもこれまでは比較的堅調だった都市鉄道や新幹線についても冬の時代を迎えることは避けられない。それに対して必要な対応を取っていくことは当然だとしても、鉄道事業だけに頼っていては、企業の衰退は避けられない。いかなる産業でも、いつまでも同じ事業を続けているだけではいずれ衰退の時期を迎える。鉄道事業は比較的安定した事業だとはいえ、例外ではありえない。新しい総合企業戦略を描かねばならない時代を迎えている。まずそうした危機感を持つ時機に来ている。

日本の民営鉄道は、小林一三氏に代表されるビジネスモデルでサクセスストーリーを作り、小規模の鉄道企業が日本有数の巨大企業グループに成長した。だがこれからも同じビジネスモデルが通用する時代ではない。鉄道企業を取り巻く環境は、かつてとは大きく変わった。いまわれわれは新しい鉄道企業の生き残りと、発展のための新しいビジネスモデルを作らねばならない時代を迎えている。山下初代会長が的確に定義されたように、鉄道事業は「技術サービス産業」なのだとするならば、これからの新しいビジネスモデルを作る原点として、自らが持つサービスと技術を資源として、その分野で新しいビジネスモデルを創造していかねばならない。

ＪＲ東日本が最近力を入れている駅ナカビジネスは、新しいコンセプトというほどではないにしても、これからの新しいビジネスのあり方の本質的なモデルの一つを示しているような気がしている。駅という人の集まる場所の周辺だけではなくて、駅の中に、そしてその線路の上空とその下に大きな資源があるという意味で。またＳｕｉｃａの例のように、鉄道の技術を生かした新しいビジネスも大きな可能性があるのではないかと期待している。そのためにはオンリーワン技術、リーディングエッジ技術を育て技術戦略を持つことが、こうしたビジネスを展開するための基本だと考えている。従来の小売業やビル事業だけがこれからも挑戦すべき新規分野ではない。こうした分野も人口減少の影響は避けられない。日本の多くの企業がこうした現実を直視して将来に賭けているのが、新技術の開発と海外市場の開拓なのである。

鉄道とて、これからの時代に国際市場が舞台にならないはずはない。すでに鉄道車両メーカーは海外に目を向け市場開拓に努力している。ただ現在、日本の多くの産業分野で企業の大規模な再編と事業の選択・集中が進む中で、日本の鉄道を取り巻く産業は、あまりにもそうした変化に対応できていない思いがする。ヨーロッパではすでに大手の車両メーカーは2～3社に合併が進んでいるのに対し、日本国内だけでもまだ5～6社もある。それだけではなく、ヨーロッパのこうした主要企業は車両製造だけでなく信号通信システムなども含めた総合的な技術力を持つ企業であるのに対し、日本は各分野の企業が専門分野ごとに分かれている。これも、かつての国鉄のセクショナリズムと天下り体制の負の遺産と言える。

今後アジア各国の鉄道が大きく発展する可能性は大きい。そうした時に、こうしたバラバラの体制では、競争に非常に不利であることは否めない。それだけでなく、これからの海外へのビジネス展開には、車両や信号システムというハードウェアだけでなく、運行管理、メンテナンス、教育訓練という一種のソフトウェアが一体となった体制が重要になる。ＩＴの世界のソリューション・ビジネスに相当するとでもいうべきだろうか。その点、フランスなどは対応が早く、すでに「ＳＮＣＦインターナショナル」という国鉄系コンサルタント企業を作って、メーカーと一体になって海外ビジネスへの進出態勢を作っている。ここにもＪＲの新しいビジネスチャンスはある。

Ｐ・ドラッガーは「企業の目的は顧客を創造することにある」と述べている。従来の顧客に頼っていただけでは、いずれ企業は衰退する。新幹線はまさしく新しい顧客を創造した。企業は常に新しい顧客づくりを目指して自己変革をしていかねばならない。企業の寿命30年説という説があり、一つの企業は30年の間に発展期、成熟期、そして衰退期を迎えるという。かつての国鉄は新幹線の建設と組織の分割民営化という二つの大きな変革により、ほぼ30年ごとに再生した。ＪＲ東日本も、次なる変革を考えねばならない時期を迎えているのではないだろうか。

常に新しい分野にチャレンジし、新しい事業を起こすことこそ企業の原点であることを忘れないでほしい。間違っても企業が人事部門、財務部門中心の権力構造になってはならない。こうした部門からは本質的に、企業の原点である新しい事業や技術の構想は生まれてこないからである。これも国鉄の崩壊の過程で学んだ貴重な教訓なのである。こうした企業の原点を忘れないことが、これからのＪＲ東日本の将来を左右すると考えている。

そして最後に、現在の日本の企業は世界的な企業再編と企業買収の波の中で、大きくその企業経営のあり方の変化と企業の再編に向かって動き出している。かつて日本の企業の伝統であり、一時は日本企業の長所だとも讃えられたことがある終身雇用、年功序列、系列システムなどは、大きく変化した。その多くは、グローバルな世界競争の中で企業が生き残るためには避けられないものなのだろう。だが、グローバリゼーションの名の下に安易にアメリカ型経営モデルのコピーに走ることは、反対に、日本企業が持っていた他の国にない独特の強さを失わせる危険もはらんでいる。日本の鉄道が１００年以上かけて作り上げてきた、安全で正確な列車の運行と高い企業への帰属意識、真面目な企業風土などの優れた特質は、決して失ってはならない。

グリーンスパンは30年後のアメリカ経済の見通しについて問われた時に、「私は楽観主義者だ。なぜなら人間は本質的に逆境に耐え、変化に適応する能力を持っている。個人の人権と経済の自由体制が保障されている限り、人間はその本能として自分とその家族のためにより良い生活を求め続けていくだろうから」と語った。そして、これからのアメリカ社会にとって最も重要な課題は「初等・中等教育の改革だ」とも。

私は、いまだ楽観主義者にはなりきれていない。国鉄時代の苦い経験の影が心の中に強く残りすぎているためかもしれない。JR東日本になってからの社員の勤務ぶりを見ていると、社員には間違いなく、この企業を良くしたいという本能と適応能力があると思う。だが同時に、人間には上司におもねる、権力を握りたいという本能があることも否定できない。JR東日本の最初の20年間は、国鉄が持っていた良いDNAが強く前面に出た時期だった。だが経営が安定するとともに、国鉄の持っていた官僚的で傲慢な体質という第三の悪いDNAが再び企業内に芽を出しつつあるという危惧感を抱いている。JR東日本の将来は、この負のDNAをいかにして企業内にはびこらせないようにするか、ミドルマネジメントを含めた経営幹部の真摯な努力と、個人々々の行動の如何にかかっているように思う。

それと同時に、この国鉄は長年、国家的な視点からものを考えるというDNAも持ち続けてきた。それが新幹線を生んだともいえる。それが悪くすると企業の実力以上の使命感を抱いて採算を無視した巨大投資に走ったり、政治志向に傾くという危険な側面もあったことは否定できないが、JRという企業にとっては、やはりこうした視点を持つことは非常に重要だと思う。最近アメリカ的経営の表面的な模倣から、株主利益、株式の時価総額、ROE（自己資本利益率）などがもてはやされ、かつての国鉄や製鉄、電力企業など日本経済の中核を担ってきた企業が持っていた、広い見地からの事業への使命感が薄れ、単なる利益のみがもてはやされているような気がする。

企業は国家にとっての大切なステークホルダー（利害関係者）であって、自らの利益の追求のみがその目的ではなく、国家に貢献していかねばならない。ＪＲは、民営化したとはいえこうした高い使命感と視野に立った経営をするというＤＮＡも捨てないようにしたい。それこそが企業としてのＪＲ東日本の品格だと、私は思う。

山之内 秀一郎（やまのうち しゅういちろう）

1933年、東京生まれ。東京大学工学部卒業。56年、国鉄入社。本社運転局保安課などを経て、69年から国際鉄道連合事務局へ出向。72年に帰国し、以後、東京北鉄道管理局長、本社運転局長、常務理事を歴任。

87年、国鉄分割民営化とともにJR東日本副社長に就任。副会長、会長を務め2000年、退社。同年、宇宙開発事業団理事長。03年10月～04年11月、宇宙航空研究開発機構(JAXA)の初代理事長。05年、NASAから栄誉賞を受けた。

05年1月からJR東日本顧問。

著書に『世界鉄道の旅』『新幹線がなかったら』『鉄道とメンテナンス』『なぜ起こる鉄道事故』などがある。

JRはなぜ変われたか

印　刷　2008年2月5日
発　行　2008年2月20日

著　者　山之内秀一郎
発行人　森戸幸生
発行所　毎日新聞社
〒100－8051
東京都千代田区一ツ橋1-1-1
出版営業部　☎03(3212)3257
図書編集部　☎03(3212)3239

印　刷　精文堂印刷
製　本　大口製本
ISBN978-4-620-31832-5